Über dieses Buch Als der siebenjährige Johann Wolfgang Goethe in seinem frühesten überlieferten Gedicht ›Bei dem erfreulichen Anbruche des 1757. Jahres‹ *Segens-Wünsche* für seine Großeltern reimte, hatte die literarische Gestaltung des Jahreswechsels bereits eine lange Tradition, die bis heute fortwirkt und die Schriftsteller zu literarischen Produkten aller Gattungen und Genres inspiriert.
Julius Caesar bestimmte im Jahre 47 v. Chr. im Julianischen Kalender den 1. Januar zum Neujahrstag, weil auf dieses Datum der erste Neumond nach der Wintersonnenwende fiel – dabei ist es auch nach der 1582 durchgeführten Kalenderreform durch Papst Gregor XIII. geblieben. Verdankt sich die Bestimmung des Neujahrstages astronomischen Berechnungen, so die Bezeichnung Silvester eher dem Zufall – der letzte Tag des Jahres ist der Todes- und Namenstag des legendären, nach seinem Tod im Jahre 335 heiliggesprochenen Papstes Silvester I.
Einige Texte des hier vorliegenden *Lesebuches zum Jahreswechsel* erinnern an diese Geschichtstradition; der Reichtum der schöpferischen Phantasie konzentriert sich vor allem auf Gedanken, Gefühle und Erfahrungen, die mit dem individuellen Erleben des Jahreswechsels verbunden sind. Nirgends wohl liegen die Verabschiedung des ›Alten‹ und die Erwartung des ›Neuen‹, Enttäuschungen und Hoffnungen, Trauer und Freude, aber auch Melancholie und Spott inhaltlich so nahe beieinander wie in der Dichtung zum Jahreswechsel. Nicht weniger überraschend ist das große Spektrum der Gestaltungsformen, die diese Auswahl deutschsprachiger Literatur aus vier Jahrhunderten zum Thema Silvester und Neujahr repräsentiert.

Der Herausgeber Norbert Schachtsiek-Freitag, 1944 in Herford/Westfalen geboren, studierte Philosophie und Germanistik und lebt als freiberuflicher Publizist und Literaturkritiker in Köln; er veröffentlichte u. a. Aufsätze und Rezensionen vor allem zur deutschsprachigen Literatur des 20. Jahrhunderts und ist Herausgeber einer Lyrik-Anthologie, ›Tageszeiten‹, und eines Lesebuchs »über die Lust und Last des Rauchens« mit dem Titel ›Der Tabak-Spinner‹ (Fischer Taschenbuch Bd. 10547).

Silvester und Neujahr

Ein Lesebuch zum Jahreswechsel

Herausgegeben von
Norbert Schachtsiek-Freitag

Fischer Taschenbuch Verlag

21.–28. Tausend: Oktober 1990

Originalausgabe
Veröffentlicht im Fischer Taschenbuch Verlag GmbH,
Frankfurt am Main, Dezember 1989

Quellenhinweise am Schluß des Bandes
Umschlaggestaltung: Buchholz/Hinsch/Hensinger
Umschlagabbildung: G. Barbier, »Le feu«, 1925
Satz: Fotosatz Otto Gutfreund, Darmstadt
Druck und Bindung: Clausen & Bosse GmbH, Leck
Printed in Germany
ISBN 3-596-29568-8

Inhalt

ANONYM

Das alte Jahr vergangen ist.
Wir danken dir, Herr Jesus Christ,
daß du uns in so viel Gefahr
behütet hast auch dieses Jahr.

Wir bitten dich, den ewgen Sohn
des Vaters in dem höchsten Thron,
du wollst dein arme Christenheit
bewahren ferner allezeit.

Entzieh uns nicht dein heilsam Wort,
das ist der Seelen Trost und Hort;
vor falscher Lehr, Abgötterei
behüt uns, Herr, und steh uns bei.

Hilf, daß wir fliehn der Sünde Bahn
und fromm zu werden fangen an;
der alten Sünden nicht gedenk,
ein gnadenreiches Neujahr uns schenk.

Hilf christlich leben, seliglich
zu sterben und hernach fröhlich
am Jüngsten Tage aufzustehn,
mit dir in Himmel einzugehn,

zu danken und zu loben dich
mit allen Engeln ewiglich;
o Jesu, unsern Glauben mehr
zu deines Namens Lob und Ehr.

Strophe 1, 2: 1568
Strophe 3–6: Erfurt 1588

FRIEDRICH VON LOGAU

Das neue Jahr

Abermals ein neues Jahr! immer noch die alte Noth!
O, das alte kümmt von uns, und das neue kümmt von Gott.
Gottes Güt ist immer neu; immer alt ist unsre Schuld;
Neue Reu verleih uns, Herr, und beweis uns alte Huld!

CHRISTIAN WERNICKE

Neujahrswünsche

Es spricht Marcolphus mir am neuen Jahrstag zu
und wünscht mir, was er mir benimmt, Fried und
Ruh.
Er wünscht mir lange Jahr und raubt mir meine Zeit,
veranlaßt mich zum Fluch und wünscht die Seligkeit.
In seinem Antlitz sitzt das Merkmal böser Tage
und sein Neujahrswunsch ist des Neujahrs erste
Plage.

GOTTHOLD EPHRAIM LESSING

Der Eintritt des Jahres 1753 in Berlin

Wie zaudernd ungern sich die Jahre trennen
  mochten,
Die eine Götterhand
Durch Kränze mancher Art, mit Pracht und Scherz
  durchflochten,
Uns ineinander wand!

So träg, als hübe sich ein Adler in die Lüfte
Den man vom Raube scheucht:
Noch schwebt er drüber her und, witternd fette
  Düfte,
Entflieht er minder leicht.

Welch langsam Phänomen durchstreicht des Äthers
  Wogen,
Dort, wo Saturn gebeut?
Ist es? Es ists, das Jahr, das reuend uns entflogen,
Es fliegt zur Ewigkeit.

Das reuend uns entflog, dir, *Friedrich*, zuzusehen,
Kein Säkulum zu sein;
Mit deinem ganzen Ruhm belastet fortzugehen
Und sich der Last zu freun.

Noch oft soll manches Jahr so traurig von uns fliegen,
Noch oft, zu unserm Glück.
Vom Himmel bist du, Herr, zu uns herabgestiegen;
Kehr spät! kehr spät zurück!

Laß dich noch lange, Herr, den Namen *Vater* reizen,
Und den: *Menschlicher Held!*
Dort wird der Himmel zwar nach seiner Zierde geizen;
Doch hier braucht dich die Welt.

Noch seh ich mich für dich mit raschen Richteraugen
Nach einem Dichter um.
Dort einer! hier und da! Sie taugen viel und taugen
Doch nichts für deinen Ruhm.

Ist er nicht etwa schon und singt noch wenig Ohren,
Weil er die Kräfte wiegt:
So werd er dieses Jahr, der seltne Geist, geboren,
Der diesen Kranz erfliegt.

Wenn er der Mutter dann sich leicht vom Herzen windet,
O Muse, lach ihn an!
Damit er Feur und Witz dem Edelmut verbindet,
Poet und Biedermann.

Hört! oder täuschen mich beliebte Rasereien?
Nein, nein, ich hör ihn schon.
Der Heere ziehend Lärm sind seine Melodeien,
Und *Friedrich* jeder Ton!

MATTHIAS CLAUDIUS

Spekulations am Neujahrstage

'n fröhlichs Neujahr, 'n fröhlichs Neujahr für mein liebes Vaterland, das Land der alten Redlichkeit und Treue! 'n fröhlichs Neujahr, für Freunde und Feinde, Christen und Türken, Hottentotten und Kannibalen! für alle Menschen, über die Gott seine Sonne aufgehen und regnen lässet! und für die armen Mohrensklaven, die den ganzen Tag in der heißen Sonne arbeiten müssen! 's ist ein gar herrlicher Tag, der Neujahrstag! ich kann's sonst wohl leiden, daß einer 'n bißchen patriotisch ist und andern Nationen nicht hofiert. Bös muß man freilich von keiner Nation sprechen; die Klugen halten sich allenthalben stille, und wer wollte um der lauten Herren willen 'n ganzes Volk lästern? wie gesagt, ich kann's sonst wohl leiden, daß einer so'n bißchen patriotisch ist, aber Neujahrstag ist mein Patriotismus mausetot, und 's ist mir an dem Tage, als wenn wir alle Brüder wären und Einer unser Vater, der im Himmel ist, als wären alle Güter der Welt Wasser, das Gott für alle geschaffen hat, wie ich 'mal habe sagen hören u. s. w.
Ich pflege mich denn wohl alle Neujahrsmorgen auf einen Stein am Weg hinzusetzen, mit meinem Stab vor mir im Sand zu scharren und an dies und jen's zu denken. Nicht an meine Leser; sie sind mir aller Ehren wert, aber Neujahrsmorgen auf dem Stein am Wege denk' ich nicht an sie, sondern ich sitze da und

denke dran, daß ich in dem vergangenen Jahr die Sonne so oft hab' aufgehn sehen und den Mond, daß ich so viele Blumen und Regenbogen gesehn, und so oft aus der Luft Odem geschöpft und aus dem Bach getrunken habe; und denn mag ich nicht aufsehn, und nehm' mit beiden Händen meine Mütz' ab und guck' h'nein.

So denk' ich auch an meine Bekannten, die in dem Jahr starben, und daß sie nun mit Sokrates, Numa und andern Männern sprechen können, von denen ich so viel Gutes gehört habe, und mit Johann Huß; und denn ist's, als wenn sich rund um mich Gräber auftun, und Schatten mit kahlen Glatzen und langen grauen Bärten heraus steigen und 'n Staub aus 'm Bart schütteln. Das muß nun wohl der ewige Jäger tun, der übern Zwölften sein Tun so hat. Die alten frommen Langbärte wollen wohl schlafen, aber Euerm Andenken und der Asch' in Euren Gräbern ein fröhlichs fröhlichs Neujahr!!!!

MATTHIAS CLAUDIUS

Mein Neujahrslied

Es war erst frühe Dämmerung
Mit leisem Tagverkünden,
Und nur noch eben hell genug,
Sich durch den Wald zu finden.

Der Morgenstern stand linker Hand,
Ich aber ging und dachte
Im Eichtal an mein Vaterland,
Dem er ein Neujahr brachte.

Auch dacht ich weiter: »So, und so,
Das Jahr ist nun vergangen,
Und du siehst, noch gesund und froh,
Den schönen Stern dort prangen.

Der ihm dort so zu stehn gebot,
Muß doch gern geben mögen!
Sein Stern, Sein Tal, Sein Morgenrot,
Rund um mich her Sein Segen!

Und bald wird Seine Sonne hier
Zum erstenmal aufgehen! –«
Das Herz im Leibe brannte mir,
Ich mußte stille stehen

Und wankte wie ein Mensch im Traum,
Wenn ihn Gesichte drängen,
Umarmte einen Eichenbaum
Und blieb so an ihm hängen.

Auf einmal hört' ich's wie Gesang,
Und glänzend stieg's hernieder
Und sprach mit hellem hohen Klang,
Das Waldtal sprach es wieder:

Der alten Barden Vaterland!
Und auch der alten Treue!
Dich, freies unbezwungnes Land
Weiht Braga hier aufs Neue

Zur Ahnentugend wieder ein!
Und Friede deinen Hütten,
Und deinem Volke Fröhlichsein,
Und alte deutsche Sitten!

Die Männer sollen, jung und alt,
Gut vaterländ'sch und tüchtig
Und bieder sein und kühn und kalt,
Die Weiber keusch und züchtig!

Und deine Fürsten groß und gut!
Und groß und gut die Fürsten,
Die Deutschen lieben und ihr Blut
Nicht saugen, nicht Blut dürsten!

Gut sein! Gut sein! ist viel getan,
Erobern, ist nur wenig;
Der König sei der bess're Mann,
Sonst sei der Bess're König!

Dein Dichter soll nicht ewig Wein,
Nicht ewig Amorn necken!
Die Barden müssen Männer sein
Und Weise sein, nicht Gecken!

Ihr Kraftgesang soll himmelan
Mit Ungestüm sich reißen! –
Und du, Wandsbecker Leiermann,
Sollst Freund und Vetter heißen!

JOHANN WOLFGANG GOETHE

[An die Großeltern Textor]

Bei dem erfreulichen Anbruche
Des 1757. Jahres
wollte
Seinen
Hochgeehrtesten und Herzlichgeliebten
Groß-Eltern
Die Gesinnungen Kindlicher Hoch-
achtung und Liebe
durch
Folgende Segens-Wünsche
zu erkennen geben
Deroselben
Treugehorsamster Enkel
Johann Wolfgang Goethe.

Erhabner *Groß-Papa!* Ein Neues Jahr erscheint,
Drum muß ich meine Pflicht und Schuldigkeit entrichten,
Die Ehrfurcht heißt mich hier aus reinem Herzen dichten,
So schlecht es aber ist, so gut ist es gemeint.
Gott, der die Zeit erneut, erneure auch *Ihr* Glück,
Und kröne *Sie* dies Jahr mit stetem Wohlergehen;
Ihr Wohlsein müsse lang so fest wie Zedern stehen,
Ihr Tun begleite stets ein günstiges Geschick;
Ihr Haus sei wie bisher des Segens Sammelplatz,

Und lasse *Sie* noch spät Möninens Ruder führen,
Gesundheit müsse *Sie* bis an *Ihr* Ende zieren,
Dann diese ist gewiß der allergrößte Schatz.

Erhabne Groß-Mama! Des Jahres erster Tag
Erweckt in meiner Brust ein zärtliches Empfinden,
Und heißt mich ebenfalls *Sie* jetzo anzubinden
Mit Versen, die vielleicht kein Kenner lesen mag;
Indessen hören *Sie* die schlechte Zeilen an,
Indem sie wie mein Wunsch aus wahrer Liebe fließen.
Der Segen müsse sich heut über *Sie* ergießen,
Der Höchste schütze *Sie,* wie Er bisher getan.
Er wolle *Ihnen* stets, was *Sie* sich wünschen, geben,
Und lasse *Sie* noch oft ein Neues Jahr erleben.
Dies sind die Erstlinge, die *Sie* anheut empfangen,
Die Feder wird hinfort mehr Fertigkeit erlangen.

FRIEDRICH SCHILLER

Herzgeliebte Eltern!

Eltern, die ich zärtlich ehre,
Mein Herz ist heut voll Dankbarkeit!
Der treue Gott dies Jahr vermehre,
Was Sie erquickt zu jeder Zeit!

Der Herr, die Quelle aller Freude,
Verbleibe stets Ihr Trost und Teil;
Sein Wort sei Ihres Herzens Weide
Und Jesus Ihr erwünschtes Heil.

Ich dank vor alle Liebesproben:
Vor alle Sorgfalt und Geduld,
Mein Herz soll alle Güte loben
Und trösten sich stets Ihrer Huld.

Gehorsam, Fleiß und zarte Liebe
Verspreche ich auf dieses Jahr.
Der Herr schenk mir nur gute Triebe,
Und mache all mein Wünschen wahr.
Amen

Johann Christoph Friederich Schiller,
den 1. Januarii Anno 1769

JOHANN WOLFGANG GOETHE

Zum neuen Jahr

Zwischen dem Alten,
Zwischen dem Neuen,
Hier uns zu freuen
Schenkt uns das Glück,
Und das Vergangne
Heißt mit Vertrauen
Vorwärts zu schauen,
Schauen zurück.

Stunden der Plage,
Leider, sie scheiden
Treue von Leiden,
Liebe von Lust;
Bessere Tage
Sammlen uns wieder,
Heitere Lieder
Stärken die Brust.

Leiden und Freuden,
Jener verschwundnen,
Sind die Verbundnen
Fröhlich gedenk.
O des Geschickes
Seltsamer Windung!
Alte Verbindung,
Neues Geschenk!

Dankt es dem regen,
Wogenden Glücke,
Dankt dem Geschicke
Männiglich Gut;
Freut euch des Wechsels
Heiterer Triebe,
Offener Liebe,
Heimlicher Glut!

Andere schauen
Deckende Falten
Über dem Alten
Traurig und scheu;
Aber uns leuchtet
Freundliche Treue;
Sehet, das Neue
Findet uns neu.

So wie im Tanze
Bald sich verschwindet,
Wieder sich findet
Liebendes Paar,
So durch des Lebens
Wirrende Beugung
Führe die Neigung
Uns in das Jahr.

GEORG CHRISTOPH LICHTENBERG

Dem Herrn Doktor Stiehle in Osnabrück schrieb ich am Neuen Jahrstag 1773 folgendes Neujahrslied:

Das alte Faß ist ausgetrunken,
Der Himmel steckt ein neues an,
Wie mancher ist vom Stuhl gesunken,
Der nun nicht mit uns trinken kann.
Doch Ihr, die Ihr, wie wir beim alten,
Mit so viel Ehren ausgehalten,
Geschwind die alten Gläser leer
Und setzt euch zu den neuen her!

Dir, Freund, der mit dem Jugendfeuer
Des Alters Tugenden verbindt
Und zwischen Akten und der Leier
Auf Lieder für die Freundschaft sinnt,
Bring ich dies Glas, komm, laß uns trinken,
Bis wir zu unsern Vätern sinken,
Des Deutschen Wein und Redlichkeit
Noch lange so getreu wie heut.

JOHANN PETER HEBEL

Neujahrswünsche des Wochenblatträgers

Als wenns nie dagewesen wär,
ist wieder eins hinunter,
begraben in das tiefe Meer
bei Fusel und Burgunder,

bei Saitenspiel, Pistolenschuß
und krachenden Petarden,
bei Händedruck und Liebeskuß
in Sälen und Mansarden.

's hats wohl verdient, das gute Jahr,
für viele schöne Gaben,
daß wir an seiner Totenbahr
Valet getrunken haben.

Was will ich lange Seiten voll
sie alle rezitieren!
Ich hoff, das liebe neue soll
sie selber repetieren.

Mit Blüten war der März geschmückt,
mit Blüten der Oktober;
manch Kindlein in der Wiege liegt
mit Bäcklein wie Zinnober.

Vor allem ist der edle Wein
nach Herzenswunsch geraten,
und mancher schmollt im Kämmerlein
und zählet die Dukaten.

An unsereinen kommt es spät,
auch etwas zu erhaschen
und, wenn man auf der Gasse geht,
zu klimpern in den Taschen.

Doch was mir werden soll, das war
in guter Hand indessen;
ich weiß, das gabenreiche Jahr
hat mich nicht ganz vergessen.

NOVALIS

Rundgesang zum neuen Jahre

1

Zusammen kommt o Freunde hier
Mit frohem, wackerm Mut,
Mit voller Stimme singen wir:
Das neue Jahr sei gut,
Erfülle uns mit Freiheitsglut
Und frohem Mut,
Verdünne uns das dicke Blut.

Chor: Und frohem Mut usw.

2

Und sei der Sklaverei nicht hold,
Zerstöre mächtig sie,
Und bann den Götterfluch, das Gold,
Und gib uns Sorgen nie,
Gib Freud' und Becher, Harmonie,
Philosophie,
Die gütig uns Natur verlieh.

Chor: Philosophie usw.

3

Nicht selten treffe uns Titan
Beim frohen Becherklang
Noch wenn der Tag beginnet an
Und bei dem Rundgesang
Und bei des Bacchus Lobgesang
Am Tisch entlang,
Reich an Zufriedenheit und Dank.

Chor: Am Tisch entlang usw.

4

Und Liebe mache unser Glück
An süßer Mädchen Mund,
Entzückt von ihrem blauen Blick,
An ihres Busens Rund.
Man seh' uns fröhlich und gesund,
Nicht krank und wund,
Und Freundschaft eine uns zum Bund.

Chor: Nicht krank und wund usw.

5

Zuletzt, daß noch Zufriedenheit
Die Kränze um uns schlingt,
Im hohen Glücke Mäßigkeit,
Im Elend Mut uns winkt,
Und oft auch meine Leier klingt,
Mein Flug sich schwingt
Zur Freude hin, auch Ruhm erringt.

Chor: Mein Flug sich schwingt usw.

6

Nun liebe Freunde stoßet an
Und grüßet mit Gesang
Das neue Jahr, das jetzt begann,
Und grüßt's mit Becherklang
Und trinket froh den Nektartrank
Und tanzet lang,
Bis Titan kommt den Strahlengang.

Chor: Und tanzet lang usw.

HEINRICH ZSCHOKKE

Die Neujahrswünsche

Jeder wünscht sich langes Leben,
Seine Kisten voller Gold,
Wiesen, Wälder, Aecker, Reben. –
Würde, was zum neuen Jahr
Sich die Leutchen wünschen, wahr,
Dann erst wär' es um die Welt,
Glaubt es, jämmerlich bestellt.

Lebten wir schon tausend Jahre,
Was gewönnen wir dabei?
Kahle Köpfe, graue Haare,
Und das ew'ge Einerlei!
Im erschrecklichen Gedränge
Ungeheurer Menschenmenge
Würden Stadt und Dorf zu enge,
Fast die ganze Welt zu klein.
Niemand könnte etwas erben,
Denn es würde Keiner sterben;
Und wer möchte Doktor sein?

Wäre Jedermann so reich,
Als wohl Jeder wünscht zu werden:
Nun, dann würden wir auf Erden
Uns als Lumpen, alle gleich.
Weil, um Lohn, des Andern Bürde
Niemand auf sich laden würde,

Müßte Jeglicher allein
Sein höchsteigner Diener sein;
Selber sein Paar Strümpfe stricken,
Möcht' er nicht gern barfuß gehn;
Selber Rock und Hosen flicken,
Möcht' er nicht wie Adam stehn,
Müßte kochen, braten, backen,
Liebte er gesunde Kost;
Wäre er kein Freund vom Frost,
Müßt' er selber Holz sich hacken.

Ständen Alle ohne Mängel
Wir hienieden schon als Engel,
O wie wär' es böse Zeit
Für die liebe Geistlichkeit!
Wer denn möchte Pfarrer werden
In dem Himmel hier auf Erden,
Wenn der Laie besser wäre,
Als die Predigt, die er hört?
Nur wo nöthig ist die Lehre
Und sonst nirgends hat sie Werth.
Advokaten gingen müßig;
Richter wären überflüssig;
Dorfmagnaten, Potentaten,
Schuldenboten und Soldaten,
Kanonier und Musketier,
Trommelschläger, Offizier,
Und Dragoner und Husaren
Wären überflüß'ge Waaren.
Ach in diesem Weltgetümmel
Wüchse wieder neue Noth,
Denn es brächte unser Himmel
Manchen braven Mann ums Brod.

Wären alle Mädchen schön,
Und von außen und von innen,
Und vom Wirbel bis zum Zeh'n,
Zauberische Huldgöttinnen:
Zu alltäglich, zu gemein
Würden schöne Mädchen sein;
Niemand würde auf sie blicken.
Wäre Alles Diamant,
Was jetzt Kiesel ist und Sand,
Niemand möchte sich drum bücken.

Wüßte jeder Tropf genug,
Wären alle Thoren klug,
Könnte Niemand Bess'res sagen,
O so gäb' es nichts zu fragen,
Nichts zu lernen, nichts zu lehren,
Nichts zu tadeln, zu bekehren;
Jeder schwatzte wie ein Buch;
Nirgends wäre Widerspruch;
Und die Welt, bei Ja und Nein,
Schlief' aus langer Weile ein.

Jeder wünscht zum neuen Jahr;
Aber würde Alles wahr,
Dann erst wär' es um die Welt,
Glaubt es, jämmerlich bestellt!
Wollet Ihr die Welt verbessern,
(Bloße Wünsche thun es nie,
Winke sind's der Phantasie!)
Wollet ihr die Welt verbessern,
Fange Jeder an bei sich,
Denn der Mittelpunkt der größern
Welt ist Jeglichem sein Ich.
Dieses Ich wirft seine Strahlen,

Einer innern Sonne gleich,
Durch des Lebens weites Reich.
Wie es selber ist, so malen
Sich die Dinge klein und groß,
Prächtig oder farbenlos.

Freund, was Du vom Leben sagst,
Was Du über Menschen klagst,
Was Du preisest, was Du tadelst,
Was Du lästerst, was Du adelst,
Schildert, glaub' es sicherlich,
Nicht die Welt, es schildert Dich;
Alles ist von Dir gesagt,
Hast Dich selber angeklagt.

E. T. A. HOFFMANN

Die Abenteuer der Silvester-Nacht

Vorwort des Herausgebers

Der reisende Enthusiast, aus dessen Tagebuche abermals ein Callotsches Fantasiestück mitgeteilt wird, trennt offenbar sein inneres Leben so wenig vom äußern, daß man beider Grenzen kaum zu unterscheiden vermag. Aber eben, weil du, günstiger Leser, diese Grenze nicht deutlich wahrnimmst, lockt der Geisterseher dich vielleicht herüber, und unversehens befindest du dich in dem fremden Zauberreiche, dessen seltsame Gestalten recht in dein äußeres Leben treten und mit dir auf du und du umgehen wollen, wie alte Bekannte. Daß du sie wie diese aufnehmen, ja daß du, ihrem wunderbarlichen Treiben ganz hingegeben, manchen kleinen Fieberschauer, den sie, stärker dich fassend, dir erregen könnten, willig ertragen mögest, darum bitte ich, günstiger Leser, recht von Herzen. Was kann ich mehr für den reisenden Enthusiasten tun, dem nun einmal überall und so auch am Silvester-Abend in Berlin, so viel Seltsames und Tolles begegnet ist?

1. *Die Geliebte*

Ich hatte den Tod, den eiskalten Tod im Herzen, ja aus dem Innersten, aus dem Herzen heraus stach es wie mit spitzigen Eiszapfen in die glutdurchströmten Nerven. Wild rannte ich, Hut und Mantel vergessend, hinaus in die finstre stürmische Nacht! – Die Turmfahnen knarrten, es war, als rühre die Zeit hörbar ihr ewig furchtbares Räderwerk und gleich werde das alte Jahr wie ein schweres Gewicht dumpf hinabrollen in den dunkeln Abgrund. – Du weißt es ja, daß diese Zeit, Weihnachten und Neujahr, die euch allen in solch heller herrlicher Freudigkeit aufgeht, mich immer aus friedlicher Klause hinauswirft auf ein wogendes, tosendes Meer. Weihnachten! das sind Festtage, die mir in freundlichem Schimmer lange entgegenleuchten. Ich kann es nicht erwarten – ich bin besser, kindlicher als das ganze Jahr über, keinen finstern, gehässigen Gedanken nährt die der wahren Himmelsfreude geöffnete Brust; ich bin wieder ein vor Lust jauchzender Knabe. Aus dem bunten vergoldeten Schnitzwerk in den lichten Christbuden lachen mich holde Engelsgesichter an, und durch das lärmende Gewühl auf den Straßen gehen, wie aus weiter Ferne kommend, heilige Orgelklänge: »denn es ist uns ein Kind geboren!« – Aber nach dem Feste ist alles verhallt, erloschen der Schimmer im trüben Dunkel. Immer mehr und mehr Blüten fallen jedes Jahr verwelkt herab, ihr Keim erlosch auf ewig, keine Frühlingssonne entzündet neues Leben in den verdorrten Ästen. Das weiß ich recht gut, aber die feindliche Macht rückt mir das, wenn das Jahr sich zu Ende neigt, mit hämischer Schadenfreude unaufhörlich vor. »Siehe«, lispelt's mir in die Ohren, »siehe, wieviel Freuden schieden in diesem Jahr von dir, die nie wiederkehren, aber dafür bist du auch klüger geworden und hältst überhaupt nicht mehr viel auf schnöde Lustigkeit, sondern wirst immer mehr ein ernster Mann – gänzlich ohne Freude.« Für den Silvester-Abend spart mir der Teufel jedesmal ein ganz besonderes Feststück auf. Er weiß im richtigen Moment, recht furchtbar höhnend, mit der scharfen Kralle in die Brust hineinzufahren und weidet sich an dem Herzblut, das ihr entquillt. Hülfe findet er überall, so wie gestern der Justizrat ihm wacker zur Hand ging. Bei *dem* (dem Justizrat, meine ich) gibt es am Silvester-Abend immer große Gesellschaft, und dann will er zum lieben Neujahr jedem eine besondere Freude bereiten, wobei er sich so ungeschickt und täppisch anstellt, daß alles Lustige, was er mühsam ersonnen, untergeht in komischem Jammer. – Als ich ins Vorzimmer trat, kam mir der Justizrat schnell entgegen, meinen Eingang ins Heiligtum, aus dem Tee und feines Räucherwerk herausdampfte, hindernd. Er sah überaus wohlgefällig und schlau aus, er lächelte mich ganz seltsam an, sprechend: »Freundchen, Freundchen, etwas Köstliches wartet Ihrer im Zimmer – eine Überraschung sondergleichen am lieben Silvester-Abend – erschrecken Sie nur nicht!« – Das fiel mir aufs Herz, düstre Ahnungen stiegen auf, und es war mir ganz beklommen und ängstlich zumute. Die Türen wurden geöffnet, rasch schritt ich vorwärts, ich trat hinein, aus der Mitte der Damen auf dem Sofa strahlte mir *ihre* Gestalt entgegen. *Sie* war es – *sie* selbst, die ich seit Jahren nicht gesehen, die seligsten Momente des Lebens blitzten in *einem* mächtigen zündenden Strahl durch mein Innres – kein tötender Verlust mehr – vernichtet der Gedanke des Scheidens! – Durch welchen wunderbaren Zufall sie hergekommen, welches Ereignis sie in die Gesellschaft des Justizrats, von dem ich gar nicht wußte, daß er sie jemals gekannt, gebracht, an das alles dachte ich nicht – ich hatte sie wieder! – Regungslos, wie von einem Zauberschlag plötzlich getroffen, mag ich dagestanden haben; der Justizrat stieß mich leise an: »Nun, Freundchen – Freundchen?« Mechanisch trat ich weiter, aber nur *sie* sah ich, und der gepreßten Brust entflohen mühsam die Worte: »Mein Gott – mein Gott, Julie hier?« Ich stand dicht am Teetisch, da erst wurde mich Julie gewahr. Sie stand auf und sprach in beinahe fremdem Ton: »Es freuet mich recht sehr, Sie hier zu sehen – Sie sehen recht wohl aus!« – und damit setzte sie sich wieder und fragte die neben ihr sitzende Dame: »Haben wir künftige Woche interessantes Theater zu erwarten?« – Du nahst dich der herrlichen Blume, die in süßen heimischen Düften dir entgegenleuchtet, aber sowie du dich beugst, ihr liebliches Anlitz recht nahe zu schauen, schießt aus den schimmernden Blättern heraus ein glatter, kalter Basilisk und will dich töten mit feindlichen Blicken! – *Das* war mir jetzt geschehen! – Täppisch verbeugte ich mich gegen die Damen, und damit dem Giftigen auch noch das Alberne hinzugefügt werde, warf ich, schnell zurücktretend, dem Justizrat, der dicht hinter mir stand, die dampfende Tasse Tee aus der Hand in das zierlich gefaltete Jabot. Man lachte über des Justizrats Unstern und wohl noch mehr über meine Tölpelhaftigkeit. So war alles zu gehöriger Tollheit vorbereitet, aber ich ermannte mich in resignierter Verzweiflung. Julie hatte nicht gelacht, meine irren Blicke trafen sie, und es war, als ginge ein Strahl aus herrlicher Vergangenheit, aus dem Leben voll Liebe und Poesie zu mir herüber. Da fing einer an im Nebenzimmer auf dem Flügel zu fantasieren, das brachte die ganze Gesellschaft in Bewegung. Es hieß, jener sei ein fremder großer Virtuose, namens Berger, der ganz göttlich spiele und dem man aufmerksam zuhören müsse. »Klappre nicht so gräßlich mit den Teelöffeln, Minchen«, rief der Justizrat und lud, mit sanft gebeugter Hand nach der Tür zeigend und einem süßen: »Eh bien!« die Damen ein, dem Virtuosen näher zu treten. Auch Julie war aufgestanden und schritt langsam nach dem Nebenzimmer. Ihre ganze Gestalt hat etwas Fremdartiges angenommen, sie schien mir größer, herausgeformter in fast üppiger Schönheit, als sonst. Der besondere Schnitt ihres weißen, faltenreichen Kleides, Brust, Schultern und Nacken nur halb verhüllend, mit weiten bauschigen, bis an die Ellbogen reichenden Ärmeln, das vorn an der Stirn gescheitelte, hinten in vielen Flechten sonderbar heraufgenestelte Haar gab ihr etwas Altertümliches, sie war beinahe anzusehen, wie die Jungfrauen auf den Gemälden von Mieris – und doch auch wieder war es mir, als hab' ich irgendwo deutlich mit hellen Augen das Wesen gesehen, in das Julie verwandelt. Sie hatte die Handschuhe herabgezogen und selbst die künstlichen, um die Handgelenke gewundenen Armgehänge fehlten nicht, um durch die völlige Gleichheit der Tracht jene dunkle Erinnerung immer lebendiger und farbiger hervorzurufen. Julie wandte sich, ehe sie in das Nebenzimmer trat, nach mir herum, und es war mir, als sei das engelschöne, jugendlich anmutige Gesicht verzerrt zum höhnenden Spott; etwas Entsetzliches, Grauenvolles regte sich in mir, wie ein alle Nerven durchzuckender Krampf. »O er spielt himmlisch!« lispelte eine durch süßen Tee begeisterte Demoiselle, und ich weiß selbst nicht, wie es kam, daß ihr Arm in dem meinigen hing und ich sie oder vielmehr sie mich in das Nebenzimmer führte.

Berger ließ gerade den wildesten Orkan daherbrausen; wie donnernde Meereswellen stiegen und sanken die mächtigen Akkorde, das tat mir wohl! – Da stand Julie neben mir und sprach mit süßerer, lieblicherer Stimme als je: »Ich wollte, *du* säßest am Flügel und sängest milder von vergangener Lust und Hoffnung!« – Der Feind war von mir gewichen, und in dem einzigen Namen Julie! wollte ich alle Himmelsseligkeit aussprechen, die in mich gekommen. – Andere dazwischentretende Personen hatten sie aber von mir entfernt. – Sie vermied mich nun sichtlich, aber es gelang mir, bald ihr Kleid zu berühren, bald dicht bei ihr ihren Hauch einzuatmen, und mir ging in tausend blinkenden Farben die vergangene Frühlingszeit auf. – Berger hatte den Orkan ausbrausen lassen, der Himmel war hell worden, wie kleine goldne Morgenwölkchen zogen liebliche Melodien daher und verschwebten im Pianissimo. Dem Virtuosen wurde reichlich verdienter Beifall zuteil, die Gesellschaft wogte durcheinander, und so kam es, daß ich unversehens dicht vor Julien stand. Der Geist wurde mächtiger in mir, ich wollte sie festhalten, sie umfassen im wahnsinnigen Schmerz der Liebe, aber das verfluchte Gesicht eines geschäftigen Bedienten drängte sich zwischen uns hinein, der, einen großen Präsentierteller hinhaltend, recht widrig rief: »Befehlen Sie?« – In der Mitte der mit dampfendem Punsch gefüllten Gläser stand ein zierlich geschliffener Pokal, voll desselben Getränkes, wie es schien. Wie *der* unter die gewöhnlichen Gläser kam, weiß *jener* am besten, den ich allmählich kennen lerne; er macht, wie der Clemens im »Oktavian« daherschreitend, mit einem Fuß einen angenehmen Schnörkel und liebt ungemein rote Mäntelchen und rote Federn. Diesen fein geschliffenen und seltsam blinkenden Pokal nahm Julie und bot ihn mir dar, sprechend: »Nimmst du denn noch so gern wie sonst das Glas aus meiner Hand?« – »Julia – Julia«, seufzte ich auf. Den Pokal erfassend, berührte ich ihre zarten Finger, elektrische Feuerstrahlen blitzten durch alle Pulse und Adern – ich trank und trank – es war mir, als knisterten und leckten kleine blaue Flämmchen um Glas und Lippe. Geleert war der Pokal, und ich weiß selbst nicht, wie es kam, daß ich in dem nur von einer Alabaster-Lampe erleuchteten Kabinett auf der Ottomane saß – Julie – Julie neben mir, kindlich und fromm mich anblickend wie sonst. Berger war aufs neue am Flügel, er spielte das Andante aus Mozarts sublimer Es-dur-Sinfonie, und auf den Schwanenfittichen des Gesanges regte und erhob sich alle Liebe und Lust meines höchsten Sonnenlebens. – Ja, es war Julie – Julie selbst, engelschön und mild – unser Gespräch, sehnsüchtige Liebesklage, mehr Blick als Wort, ihre Hand ruhte in der meinigen. – »Nun lasse ich dich nimmer, deine Liebe ist der Funke, der in mir glüht, höheres Leben in Kunst und Poesie entzündend – ohne dich – ohne deine Liebe alles tot und starr – aber bist du denn nicht auch gekommen, damit du mein bleibest immerdar?« – In dem Augenblick schwankte eine tölpische, spinnenbeinichte Figur mit heraussstehenden Froschaugen herein und rief, recht widrig kreischend und dämisch lachend: »Wo der Tausend ist denn meine Frau geblieben?« Julie stand auf und sprach mit fremder Stimme: »Wollen wir nicht zur Gesellschaft gehen? mein Mann sucht mich. – Sie waren wieder recht amüsant, mein Lieber, immer noch bei Laune wie vormals, menagieren Sie sich nur im Trinken« – und der spinnenbeinichte Kleinmeister griff nach ihrer Hand; sie folgte ihm lachend in den Saal. – »Auf ewig verloren!« schrie ich auf – »Ja, gewiß, Codille, Liebster!« meckerte eine l'Hombre spielende Bestie. Hinaus – hinaus rannte ich in die stürmische Nacht. –

2. *Die Gesellschaft im Keller*

Unter den Linden auf und ab zu wandeln, mag sonst ganz angenehm sein, nur nicht in der Silvester-Nacht bei tüchtigem Frost und Schneegestöber. Das fühlte ich Barköpfiger und Unbemäntelter doch zuletzt, als durch die Fieberglut Eisschauer fuhren. Fort ging es über die Opernbrücke, bei dem Schlosse vorbei – ich bog ein, lief über die Schleusenbrücke bei der Münze vorüber. – Ich war in der Jägerstraße dicht am Thiermannschen Laden. Da brannten freundliche Lichter in den Zimmern; schon wollte ich hinein, weil zu sehr mich fror und ich nach einem tüchtigen Schluck starken Getränkes durstete; eben strömte eine Gesellschaft in heller Fröhlichkeit heraus. Sie sprachen von prächtigen Austern und dem guten Eilfer-Wein. »Recht hatte jener doch«, rief einer von ihnen, wie ich beim Laternenschein bemerkte, ein stattlicher Ulanenoffizier, »recht hatte jener doch, der voriges Jahr in Mainz auf die verfluchten Kerle schimpfte, welche Anno 1794 durchaus nicht mit dem Eilfer herausrücken wollten.« – Alle lachten aus voller Kehle. Unwillkürlich war ich einige Schritte weiter gekommen, ich blieb vor einem Keller stehen, aus dem ein einsames Licht herausstrahlte. Fühlte sich der Shakespearsche Heinrich nicht einmal so ermattet und demütig, daß ihm die

arme Kreatur Dünnbier in den Sinn kam? In der Tat, mir geschah gleiches, meine Zunge lechzte nach einer Flasche guten englischen Biers. Schnell fuhr ich in den Keller hinein. »Was beliebt?« kam mir der Wirt, freundlich die Mütze rückend, entgegen. Ich forderte eine Flasche guten englischen Biers nebst einer tüchtigen Pfeife guten Tabaks und befand mich bald in solch einem sublimen Philistrismus, vor dem selbst der Teufel Respekt hatte und von mir abließ. – O Justizrat! hättest du mich gesehen, wie ich aus deinem hellen Teezimmer herabgestiegen war in den dunklen Bierkeller, du hättest dich mit recht stolzer verächtlicher Miene von mir abgewendet und gemurmelt: »Ist es denn ein Wunder, daß ein solcher Mensch die zierlichsten Jabots ruiniert?«
Ich mochte ohne Hut und Mantel den Leuten etwas verwunderlich vorkommen. Dem Manne schwebte eine Frage auf den Lippen, da pochte es ans Fenster und eine Stimme rief herab: »Macht auf, macht auf, ich bin da!« Der Wirt lief hinaus und trat bald wieder herein, zwei brennende Lichter hoch in den Händen tragend, ihm folgte ein sehr langer, schlanker Mann. In der niedrigen Tür vergaß er sich zu bücken und stieß sich den Kopf recht derb; eine barettartige schwarze Mütze, die er trug, verhinderte jedoch Beschädigung. Er drückte sich auf ganz eigene Weise der Wand entlang und setzte sich mir gegenüber, indem die Lichter auf den Tisch gestellt wurden. Man hätte beinahe von ihm sagen können, daß er vornehm und unzufrieden aussähe. Er forderte verdrießlich Bier und Pfeife und erregte mit wenigen Zügen einen solchen Dampf, daß wir bald in einer Wolke schwammen. Übrigens hatte sein Gesicht so etwas Charakteristisches und Anziehendes, daß ich ihn trotz seines

finsteren Wesens sogleich liebgewann. Die schwarzen reichen Haare trug er gescheitelt und von beiden Seiten in vielen kleinen Locken herabhängend, so daß er den Bildern von Rubens glich. Als er den großen Mantelkragen abgeworfen, sah ich, daß er in eine schwarze Kurtka mit vielen Schnüren gekleidet war, sehr fiel es mir aber auf, daß er über die Stiefeln zierliche Pantoffeln gezogen hatte. Ich wurde das gewahr, als er die Pfeife ausklopfte, die er in fünf Minuten ausgeraucht. Unser Gespräch wollte nicht recht von statten gehen, der Fremde schien sehr mit allerlei seltenen Pflanzen beschäftigt, die er aus einer Kapsel genommen hatte und wohlgefällig betrachtete. Ich bezeigte ihm meine Verwunderung über die schönen Gewächse und fragte, da sie ganz frisch gepflückt zu sein schienen, ob er vielleicht im botanischen Garten oder bei Boucher gewesen. Er lächelte ziemlich seltsam und antwortete: »Botanik scheint nicht eben Ihr Fach zu sein, sonst hätten Sie nicht so« – Er stockte, ich lispelte kleinlaut: »albern« – »gefragt«, setzte er treuherzig hinzu. »Sie würden«, fuhr er fort, »auf den ersten Blick Alpenpflanzen erkannt haben, und zwar, wie sie auf dem Tschimborasso wachsen.« Die letzten Worte sagte der Fremde leise vor sich hin, und du kannst denken, daß mir dabei gar wunderlich zumute wurde. Jede Frage erstarb mir auf den Lippen; aber immer mehr regte sich eine Ahnung in meinem Innern, und es war mir, als habe ich den Fremden nicht sowohl oft *gesehen* als oft *gedacht.* Da pochte es aufs neue ans Fenster, der Wirt öffnete die Tür, und eine Stimme rief: »Seid so gut, Euern Spiegel zu verhängen.« – »Aha!« sagte der Wirt, »da kommt noch recht spät der General Suwarow.« Der Wirt verhing den Spiegel, und nun sprang mit einer täppischen

Geschwindigkeit, schwerfällig hurtig, möcht ich sagen, ein kleiner dürrer Mann herein, in einem Mantel von ganz seltsam bräunlicher Farbe, der, indem der Mann in der Stube herumhüpfte, in vielen Falten und Fältchen auf ganz eigene Weise um den Körper wehte, so daß es im Schein der Lichter beinahe anzusehen war, als führen viele Gestalten aus- und ineinander, wie bei den Enslerschen Fantasmagorien. Dabei rieb er die in den weiten Ärmeln versteckten Hände und rief: »Kalt! – kalt – o wie kalt! In Italia ist es anders, anders!« Endlich setzte er sich zwischen mir und dem Großen, sprechend: »Das ist ein entsetzlicher Dampf – Tabak gegen Tabak – hätt' ich nur eine Prise!« – Ich trug die spiegelblank geschliffne Stahldose in der Tasche, die du mir einst schenktest, die zog ich gleich heraus und wollte dem Kleinen Tabak anbieten. Kaum erblickte er *die,* als er mit beiden Händen darauf zufuhr und, sie wegstoßend, rief: »Weg – weg mit dem abscheulichen Spiegel!« Seine Stimme hatte etwas Entsetzliches, und als ich ihn verwundert ansah, war er ein andrer worden. Mit einem gemütlichen jugendlichen Gesicht sprang der Kleine herein, aber nun starrte mich das todblasse, welke, eingefurchte Anlitz eines Greises mit hohlen Augen an. Voll Entsetzen rückte ich hin zum Großen. »Um's Himmels willen, schauen Sie doch«, wollt' ich rufen, aber der Große nahm an allem keinen Anteil, sondern war ganz vertieft in seine Tschimborasso-Pflanzen, und in dem Augenblick forderte der Kleine: »Wein des Nordens«, wie er sich preziös ausdrückte. Nach und nach wurde das Gespräch lebendiger. Der Kleine war mir zwar sehr unheimlich, aber der Große wußte über geringfügig scheinende Dinge recht viel Tiefes und Ergötzliches zu sagen, unerachtet er mit dem Ausdruck zu kämpfen schien, manchmal auch wohl ein ungehöriges Wort einmischte, das aber oft der Sache eben eine drollige Originalität gab, und so milderte er, mit meinem Innern sich immer mehr befreundend, den übeln Eindruck des Kleinen. Dieser schien wie von lauter Springfedern getrieben, denn er rückte auf dem Stuhle hin und her, gestikulierte viel mit den Händen, und wohl rieselte mir ein Eisstrom durch die Haare über den Rücken, wenn ich es deutlich bemerkte, daß er wie aus zwei verschiedenen Gesichtern heraussah. Vorzüglich blickte er oft den Großen, dessen bequeme Ruhe sonderbar gegen des Kleinen Beweglichkeit abstach, mit dem alten Gesicht an, wiewohl nicht so entsetzlich, als zuvor mich. – In dem Maskenspiel des irdischen Lebens sieht oft der innere Geist mit leuchtenden Augen aus der Larve heraus, das Verwandte erkennend, und so mag es geschehen sein, daß wir drei absonderliche Menschen im Keller uns auch so angeschaut und erkannt hatten. Unser Geprãch fiel in jenen Humor, der nur aus dem tief bis auf den Tod verletzten Gemüte kommt. »Das hat auch seinen Haken«, sagte der Große. »Ach Gott«, fiel ich ein, »wie viel Haken hat der Teufel überall für uns eingeschlagen, in Zimmerwänden, Lauben, Rosenhecken, woran vorbeistreifend wir etwas von unserm teuern Selbst hängen lassen. Es scheint, Verehrte, als ob uns allen auf diese Weise schon etwas abhanden gekommen, wiewohl mir diese Nacht vorzüglich Hut und Mantel fehlte. Beides hängt an einem Haken in des Justizrats Vorzimmer, wie Sie wissen!« Der Kleine und der Große fuhren sichtlich auf, als träfe sie unversehens ein Schlag. Der Kleine schaute mich recht häßlich mit seinem alten Gesichte an, sprang aber gleich auf einen Stuhl und zog das Tuch fester über den Spiegel, während der Große sorgfältig die Lichter putzte. Das Gespräch lebte mühsam wieder auf, man erwähnte eines jungen wackern Malers, namens Philipp, und des Bildes einer Prinzessin, das er mit *dem* Geist der Liebe und *dem* frommen Sehnen nach dem Höchsten, wie der Herrin tiefer heiliger Sinn es ihm entzündet, vollendet hatte. »Zum Sprechen ähnlich und doch kein Porträt, sondern ein *Bild«*, meinte der Große. »Es ist so ganz wahr«, sprach ich, »man möchte sagen, wie aus dem Spiegel gestohlen.« Da sprang der Kleine wild auf, mit dem alten Gesicht und funkelnden Augen mich anstarrend, schrie er: »Das ist albern, das ist toll, wer vermag aus dem Spiegel Bilder zu stehlen? – wer vermag das? meinst du, vielleicht der Teufel? – Hoho Bruder, der zerbricht das Glas mit der tölpischen Kralle, und die feinen weißen Hände des Frauenbildes werden auch wund und bluten. Albern ist das. Heisa! – zeig' mir das Spiegelbild, das gestohlne Spiegelbild, und ich mache dir den Meistersprung von tausend Klafter hinab, du betrübter Bursche!« – Der Große erhob sich, schritt auf den Kleinen los und sprach: »Mache Er sich nicht so unnütz, mein Freund! sonst wird Er die Treppe hinaufgeworfen, es mag wohl miserabel aussehen mit Seinem eignen Spiegelbilde.« – »Ha ha ha ha!« lachte und kreischte der Kleine in tollem Hohn, »ha ha ha – meinst du? meinst du? Hab' ich doch meinen schönen Schlagschatten, o du jämmerlicher Geselle, hab' ich doch meinen Schlagschatten!« – Und damit sprang er fort, noch draußen hörten wir ihn recht hämisch meckern und lachen: »hab' ich doch meinen Schlagschatten!« Der Große war, wie vernichtet, totenbleich in den Stuhl zurückgesunken, er hatte den Kopf in beide Hände gestützt, und aus der tiefsten Brust atmete schwer ein Seufzer auf. »Was ist Ihnen?« fragte ich teilnehmend. »O mein Herr«, erwiderte der Große, »jener böse Mensch, der uns so feindselig erschien, der mich bis hieher, bis in meine Normalkneipe verfolgte, wo ich sonst einsam blieb, da höchstens nur etwa ein Erdgeist unter dem Tisch aufduckte und Brotkrümchen naschte – jener böse Mensch hat mich zurückgeführt in mein tiefstes Elend. Ach – verloren, unwiderbringlich verloren habe ich meinen – Leben Sie wohl!« – Er stand auf und schritt mitten durch die Stube zur Tür hinaus. Alles blieb hell um ihn – er warf keinen Schlagschatten. Voll Entzücken rannte ich nach – «Peter Schlemihl – Peter Schlemihl!«* rief ich freudig, aber *der* hatte die Pantoffeln weggeworfen. Ich sah, wie er über den Gendarmenturm hinwegschritt und in der Nacht verschwand.

Als ich in den Keller zurück wollte, warf mir der Wirt die Tür vor der Nase zu, sprechend: »Vor solchen Gästen bewahre mich der liebe Herrgott!«

3. *Erscheinungen*

Herr Mathieu ist mein guter Freund, und sein Türsteher ein wachsamer Mann. Der machte mir gleich auf, als ich im »Goldnen Adler« an der Hausklingel zog. Ich erklärte, wie ich mich aus einer Gesellschaft

* Peter Schlemihls wundersame Geschichte, mitgeteilt von Adalbert von Chamisso und herausgegeben von Friedrich Baron de la Motte Fouqué. Nürnberg bei J.L.Schrag. 1814.

fortgeschlichen ohne Hut und Mantel, im letztern stecke aber mein Hausschlüssel, und die taube Aufwärterin herauszupochen, sei unmöglich. Der freundliche Mann (den Türsteher mein' ich) öffnete ein Zimmer, stellte die Lichter hin und wünschte mir eine gute Nacht. Der schöne breite Spiegel war verhängt, ich weiß selbst nicht, wie ich darauf kam, das Tuch herabzuziehen und beide Lichter auf den Spiegeltisch zu setzen. Ich fand mich, da ich in den Spiegel schaute, so blaß und entstellt, daß ich mich kaum selbst wiedererkannte. – Es war mir, als schwebe aus des Spiegels tiefstem Hintergrunde eine dunkle Gestalt hervor; sowie ich fester und fester Blick und Sinn darauf richtete, entwickelten sich in seltsam magischem Schimmer deutlicher die Züge eines holden Frauenbildes – ich erkannte Julien. Von inbrünstiger Liebe und Sehnsucht befangen, seufzte ich laut auf: »Julia! Julia!« Da stöhnte und ächzte es hinter den Gardinen eines Bettes in des Zimmers äußerster Ecke. Ich horchte auf, immer ängstlicher wurde das Stöhnen. Juliens Bild war verschwunden, entschlossen ergriff ich ein Licht, riß die Gardinen des Bettes rasch auf und schaute hinein. Wie kann ich dir denn das Gefühl beschreiben, das mich durchbebte, als ich den Kleinen erblickte, der mit dem jugendlichen, wiewohl schmerzlich verzogenen Gesicht dalag und im Schlaf recht aus tiefster Brust aufseufzte: »Giulietta! Giulietta!« – Der Name fiel zündend in mein Inneres – das Grauen war von mir gewichen, ich faßte und rüttelte den Kleinen recht derb, rufend: »He – guter Freund, wie kommen Sie in mein Zimmer, erwachen Sie und scheren Sie sich gefälligst zum Teufel!« – Der Kleine schlug die Augen auf und blickte mich mit dunklen Blicken an: »Das war ein böser Traum«, sprach er, »Dank sei Ihnen, daß Sie mich weckten.« Die Worte klangen nur wie leise Seufzer. Ich weiß nicht, wie es kam, daß der Kleine mir jetzt ganz anders erschien, ja daß der Schmerz, von dem er ergriffen, in mein eignes Innres drang und all mein Zorn in tiefer Wehmut verging. Weniger Worte bedurfte es nur, um zu erfahren, daß der Türsteher mir aus Versehen dasselbe Zimmer aufgeschlossen, welches der Kleine schon eingenommen hatte, daß *ich* es also war, der, unziemlich eingedrungen, den Kleinen aus dem Schlafe aufstörte.

»Mein Herr«, sprach der Kleine, »ich mag Ihnen im Keller wohl recht toll und ausgelassen vorgekommen sein, schieben Sie mein Betragen darauf, daß mich, wie ich nicht leugnen kann, zuweilen ein toller Spuk befängt, der mich aus allen Kreisen des Sittigen und Gehörigen hinaustreibt. Sollte Ihnen denn nicht zuweilen Gleiches widerfahren?« – »Ach Gott ja«, erwiderte ich kleinmütig, »nur noch heute abend, als ich Julien wiedersah.« – »Julia?« krächzte der Kleine mit widriger Stimme, und es zuckte über sein Gesicht hin, das wieder plötzlich alt wurde. »O lassen Sie mich ruhen – verhängen Sie doch gütigst den Spiegel, Bester!« – dies sagte er, ganz matt aufs Kissen zurückblickend. »Mein Herr«, sprach ich, »der Name meiner auf ewig verlornen Liebe scheint seltsame Erinnerungen in Ihnen zu wecken, auch variieren Sie merklich mit Dero angenehmen Gesichtszügen. Doch hoffe ich mit Ihnen ruhig die Nacht zu verbringen, weshalb ich gleich den Spiegel verhängen und mich ins Bett begeben will.« Der Kleine richtete sich auf, sah mich mit überaus milden, gutmütigen Blicken seines Jünglingsgesichts an, faßte meine Hand und sprach, sie leise drückend: »Schlafen Sie ruhig, mein Herr, ich merke, daß wir Unglücksgefährten sind. – Sollten Sie auch? – Julia – Giulietta – Nun dem sei, wie ihm wolle, Sie üben eine unwiderstehliche Gewalt über mich aus – ich kann nicht anders, ich muß Ihnen mein tiefstes Geheimnis entdecken – dann hassen, dann verachten Sie mich.« Mit diesen Worten stand der Kleine langsam auf, hüllte sich in einen weißen weiten Schlafrock und schlich leise und recht gespensterartig nach dem Spiegel, vor den er sich hinstellte. Ach! – rein und klar warf der Spiegel die beiden Lichter, die Gegenstände im Zimmer, mich selbst zurück, die Gestalt des Kleinen war nicht zu sehen im Spiegel, kein Strahl reflektierte sein dicht herangebogenes Gesicht. Er wandte sich zu mir, die tiefste Verzweiflung in den Mienen, er drückte meine Hände: »Sie kennen nun mein grenzenloses Elend«, sprach er, »Schlemihl, die reine, gute Seele, ist beneidenswert gegen mich Verworfenen. Leichtsinnig verkaufte er seinen Schlagschatten, aber ich! – ich gab mein Spiegelbild *ihr* – *ihr!* – oh – oh – oh!« – So tief aufstöhnend, die Hände vor die Augen gedrückt, wankte der Kleine nach dem Bette, in das er sich schnell warf. Erstarrt blieb ich stehen, Argwohn, Verachtung, Grauen, Teilnahme, Mitleiden, ich weiß selbst nicht, was sich alles für und wider den Kleinen in meiner Brust regte. Der Kleine fing indes bald an so anmutig und melodiös zu schnarchen, daß ich der narkotischen Kraft dieser Töne nicht widerstehen konnte. Schnell verhing ich den Spiegel, löschte die Lichter aus, warf mich so wie der Kleine ins Bett und fiel bald in tiefen Schlaf. Es mochte wohl schon Morgen sein, als ein blendender Schimmer mich weckte. Ich schlug die Augen auf und erblickte den Kleinen, der im weißen Schlafrock, die Nachtmütze auf dem Kopf, den Rücken mir zugewendet, am Tische saß und bei beiden angezündeten Lichtern emsig schrieb. Er sah recht spukhaft aus, mir wandelte ein Grauen an; der Traum erfaßte mich plötzlich und trug mich wieder zum Justizrat, wo ich neben Julien auf der Ottomane saß. Doch bald war es mir, als sei die ganze Gesellschaft eine spaßhafte Weihnachtsausstellung bei Fuchs, Weide, Schoch oder sonst, der Justizrat eine zierliche Figur von Dragant mit postpapiernem Jabot. Höher und höher wurden die Bäume und Rosenbüsche. Julie stand auf und reichte mir den kristallnen Pokal, aus dem blaue Flammen emporleckten. Da zog es mich am Arm, der Kleine stand hinter mir mit dem alten Gesicht und lispelte: »Trink nicht, trink nicht – sieh sie doch recht an! – hast du sie nicht schon gesehen auf den Warnungstafeln von Breughel, von Callot oder von Rembrandt?« – Mir schauerte vor Julien, denn freilich war sie in ihrem faltenreichen Gewande mit den bauschigen Ärmeln, in ihrem Haarschmuck so anzusehen wie die von höllischen Untieren umgebenen lockenden Jungfrauen auf den Bildern jener Meister. »Warum fürchtest du dich denn«, sprach Julie, »ich habe dich und dein Spiegelbild doch ganz und gar.« Ich ergriff den Pokal, aber der Kleine hüpfte wie ein Eichhörnchen auf meine Schultern und wehte mit dem Schweife in die Flammen, widrig quiekend: »Trink nicht – trink nicht.« Doch nun wurden alle Zuckerfiguren der Ausstellung lebendig und bewegten komisch die Händchen und Füßchen, der dragantne Justizrat trippelte auf mich zu und rief mit einem ganz feinen Stimmchen: »Warum der ganze Rumor, mein Bester? warum der ganze Rumor? Stellen

Sie sich doch nur auf Ihre lieben Füße, denn schon lange bemerke ich, daß Sie in den Lüften über Stühle und Tische wegschreiten.« Der Kleine war verschwunden, Julie hatte nicht mehr den Pokal in der Hand. »Warum wolltest du denn nicht trinken?« sprach sie, »war denn die reine herrliche Flamme, die dir aus dem Pokal entgegenstrahlte, nicht der Kuß, wie du ihn einst von mir empfingst?« Ich wollte sie an mich drücken, Schlemihl trat aber dazwischen, sprechend: »Das ist Mina, die den Raskal geheiratet.« Er hatte einige Zuckerfiguren getreten, die ächzten sehr. – Aber bald vermehrten diese sich zu Hunderten und Tausenden und trippelten um mich her und an mir herauf im bunten häßlichen Gewimmel und umsummten mich wie ein Bienenschwarm. – Der dragantne Justizrat hatte sich bis zur Halsbinde heraufgeschwungen, die zog er immer fester und fester an. »Verdammter dragantner Justizrat!« schrie ich laut und fuhr aus dem Schlafe. Es war heller lichter Tag, schon elf Uhr mittags. »Das ganze Ding mit dem Kleinen war auch wohl nur ein lebhafter Traum«, dachte ich eben, als der mit dem Frühstück eintretende Kellner mir sagte, daß der fremde Herr, der mit mir in einem Zimmer geschlafen, am frühen Morgen abgereist sei und sich mir sehr empfehlen lasse. Auf dem Tische, an dem nachts der spukhafte Kleine saß, fand ich ein frisch beschriebenes Blatt, dessen Inhalt ich dir mitteile, da es unbezweifelt des Kleinen wundersame Geschichte ist.

4. *Die Geschichte vom verlornen Spiegelbilde*

Endlich war es doch so weit gekommen, daß Erasmus Spikher den Wunsch, den er sein Leben lang im Herzen genährt, erfüllen konnte. Mit frohem Herzen und wohlgefülltem Beutel setzte er sich in den Wagen, um die nördliche Heimat zu verlassen und nach dem schönen warmen Welschland zu reisen. Die liebe fromme Hausfrau vergoß tausend Tränen, sie hob den kleinen Rasmus, nachdem sie ihm Nase und Mund sorgfältig geputzt, in den Wagen hinein, damit der Vater zum Abschiede ihn noch sehr küsse. »Lebe wohl, mein lieber Erasmus Spikher«, sprach die Frau schluchzend, »das Haus will ich dir gut bewahren, denke fein fleißig an mich, bleibe mir treu und verliere nicht die schöne Reisemütze, wenn du, wie du wohl pflegst, schlafend zum Wagen herausnickst.« – Spikher versprach das. –

In dem schönen Florenz fand Erasmus einige Landsleute, die voll Lebenslust und jugendlichen Muts in den üppigen Genüssen, wie sie das herrliche Land reichlich darbot, schwelgten. Er bewies sich ihnen als ein wackrer Kumpan, und es wurden allerlei ergötzliche Gelage veranstaltet, denen Spikhers besonders muntrer Geist und das Talent, dem tollen Ausgelassenen das Sinnige beizufügen, einen eignen Schwung gaben. So kam es denn, daß die jungen Leute (Erasmus, erst siebenundzwanzig Jahr alt, war wohl dazu zu rechnen) einmal zur Nachtzeit in eines herrlichen, duftenden Gartens erleuchtetem Boskett ein gar fröhliches Fest begingen. Jeder, nur nicht Erasmus, hatte eine liebliche Donna mitgebracht. Die Männer gingen in zierlicher altteutscher Tracht, die Frauen waren in bunten leuchtenden Gewändern, jede auf andere Art ganz fantastisch gekleidet, so daß sie erschienen wie liebliche wandelnde Blumen. Hatte diese oder jene zu dem Saitengelispel der Mandolinen ein italienisches Liebeslied gesungen, so stimmten die Männer unter dem lustigen Geklingel der mit Syrakuser gefüllten Gläser einen kräftigen deutschen Rundgesang an. – Ist ja doch Italien das Land der Liebe. Der Abendwind säuselte wie in sehnsüchtigen Seufzern, wie Liebeslaute durchwallten die Orange- und Jasmindüfte das Boskett, sich mischend in das lose neckhafte Spiel, das die holden Frauenbilder, all die kleinen zarten Buffonerien, wie sie nur den italienischen Weibern eigen, aufbietend, begonnen hatten. Immer reger und lauter wurde die Lust. Friedrich, der Glühendste vor allen, stand auf, mit einem Arm hatte er seine Donna umschlungen, und das mit perlendem Syrakuser gefüllte Glas mit der andern Hand hoch schwingend, rief er: »Wo ist denn Himmelslust und Seligkeit zu finden als bei euch, ihr holden, herrlichen italienischen Frauen, ihr seid ja die Liebe selbst. – Aber du, Erasmus«, fuhr er fort, sich zu Spikher wendend, »scheinst das nicht sonderlich zu fühlen, denn nicht allein, daß du, aller Verabredung, Ordnung und Sitte entgegen, keine Donna zu unserm Feste geladen hast, so bist du auch heute so trübe und in dich gekehrt, daß, hättest du nicht wenigstens tapfer getrunken und gesungen, ich glauben würde, du seist mit einemmal ein langweiliger Melancholikus geworden.« – Ich muß dir gestehen, Friedrich«, erwiderte Erasmus, »daß ich mich auf *die* Weise nun einmal nicht freuen kann. Du weißt ja, daß ich eine liebe, fromme Hausfrau zurückgelassen habe, die ich recht aus tiefer Seele liebe,

und an der ich ja offenbar einen Verrat beginge, wenn ich im losen Spiel auch nur für einen Abend mir eine Donna wählte. Mit euch unbeweibten Jünglingen ist das ein andres, aber ich als Familienvater« – Die Jünglinge lachten hell auf, da Erasmus bei dem Worte »Familienvater« sich bemühte, das jugendliche gemütliche Gesicht in ernste Falten zu ziehen, welches denn eben sehr possierlich herauskam. Friedrichs Donna ließ sich das, was Erasmus teutsch gesprochen, in das Italienische übersetzen, dann wandte sie sich ernsten Blickes zum Erasmus und sprach, mit aufgehobenem Finger leise drohend: »Du kalter, kalter Teutscher! – verwahre dich wohl, noch hast du Giulietta nicht gesehen!«
In dem Augenblick rauschte es beim Eingange des Bosketts, und aus dunkler Nacht trat in den lichten Kerzenschimmer hinein ein wunderherrliches Frauenbild. Das weiße, Busen, Schultern und Nacken nur halb verhüllende Gewand, mit bauschigen, bis an die Ellbogen streifenden Ärmeln, floß in reichen breiten Falten herab, die Haare vorn an der Stirn gescheitelt, hinten in vielen Flechten heraufgenestelt. – Goldene Ketten um den Hals, reiche Armbänder um die Handgelenke geschlungen, vollendeten den altertümlichen Putz der Jungfrau, die anzusehen war, als wandle ein Frauenbild von Rubens oder dem zierlichen Mieris daher. »Giulietta!« riefen die Mädchen voll Erstaunen. Giulietta, deren Engelsschönheit alle überstrahlte, sprach mit süßer lieblicher Stimme: »Laßt mich doch teilnehmen an euerm schönen Fest, ihr wackern teutschen Jünglinge. Ich will hin zu jenem dort, der unter euch ist so ohne Lust und ohne Liebe.« Damit wandelte sie in hoher Anmut zum Erasmus und setzte sich auf den Sessel, der

neben ihm leer geblieben, da man vorausgesetzt hatte, daß auch er eine Donna mitbringen werde. Die Mädchen lispelten untereinander: »Seht, o seht, wie Giulietta heute wieder so schön ist!« und die Jünglinge sprachen: »Was ist denn das mit dem Erasmus, er hat ja die Schönste gewonnen und uns nur wohl verhöhnt?«

Dem Erasmus war bei dem ersten Blick, den er auf Giulietta warf, so ganz besonders zumute geworden, daß er selbst nicht wußte, was sich denn so gewaltsam in seinem Innern rege. Als sie sich ihm näherte, faßte ihn eine fremde Gewalt und drückte seine Brust zusammen, daß sein Atem stockte. Das Auge fest geheftet auf Giulietta, mit erstarrten Lippen saß er da und konnte kein Wort hervorbringen, als die Jünglinge laut Giuliettas Anmut und Schönheit priesen. Giulietta nahm einen vollgeschenkten Pokal und stand auf, ihn dem Erasmus freundlich darreichend; *der* ergriff den Pokal, Giuliettas zarte Finger leise berührend. Er trank, Glut strömte durch seine Adern. Da fragte Giulietta scherzend: »Soll ich denn Eure Donna sein?« Aber Erasmus warf sich wie im Wahnsinn vor Giulietta nieder, drückte ihre beiden Hände an seine Brust und rief: »Ja, *du* bist es, *dich* habe ich geliebt immerdar, *dich,* du Engelsbild! – Dich habe ich geschaut in meinen Träumen, du bist mein Glück, meine Seligkeit, mein höheres Leben!« – Alle glaubten, der Wein sei dem Erasmus zu Kopf gestiegen, denn so hatten sie ihn nie gesehen, er schien ein anderer worden. »Ja, du – du bist mein Leben, du flammst in mir mit verzehrender Glut. Laß mich untergehen – untergehen, nur in dir, nur du will ich sein«, – so schrie Erasmus, aber Giulietta nahm ihn sanft in die Arme; ruhiger geworden, setzte er sich an ihre Seite, und bald begann wieder das heitre Liebesspiel in munteren Scherzen und Liedern, das durch Giulietta und Erasmus unterbrochen worden. Wenn Giulietta sang, war es, als gingen aus tiefster Brust Himmelstöne hervor, nie gekannte, nur geahnte Lust in allen entzündend. Ihre volle wunderbare Kristallstimme trug eine geheimnisvolle Glut in sich, die jedes Gemüt ganz und gar befing. Fester hielt jeder Jüngling seine Donna umschlungen, und feuriger strahlte Aug' in Auge. Schon verkündete ein roter Schimmer den Anbruch der Morgenröte, da riet Giulietta das Fest zu enden. Es geschah. Erasmus schickte sich an, Giulietta zu begleiten, sie schlug das ab und bezeichnete ihm das Haus, wo er sie künftig finden könne. Während des teutschen Rundgesanges, den die Jünglinge noch zum Beschluß des Festes anstimmten, war Giulietta aus dem Boskett verschwunden; man sah sie hinter zwei Bedienten, die mit Fackeln voranschritten, durch einen fernen Laubgang wandeln. Erasmus wagte nicht, ihr zu folgen. Die Jünglinge nahmen nun jeder seine Donna unter den Arm und schritten in voller heller Lust von dannen. Ganz verstört und im Innern zerrissen von Sehnsucht und Liebesqual, folgte ihnen endlich Erasmus, dem sein kleiner Diener mit der Fackel vorleuchtete. So ging er, da die Freunde ihn verlassen, durch eine entlegene Straße, die nach seiner Wohnung führte. Die Morgenröte war hoch heraufgestiegen, der Diener stieß die Fackel auf dem Steinpflaster aus, aber in den aufsprühenden Funken stand plötzlich eine seltsame Figur vor Erasmus, ein langer dürrer Mann mit spitzer Habichtsnase, funkelnden Augen, hämisch verzogenem Munde, im feuerroten Rock mit strahlenden Stahlknöpfen. *Der* lachte und rief mit unangenehm gellender Stimme: »Ho, ho! – Ihr seid wohl aus einem alten Bilderbuch herausgestiegen mit Euerm Mantel, Euerm geschlitzten Wams und Euerm Federnbarett. – Ihr seht recht schnakisch aus, Herr Erasmus, aber wollt Ihr denn auf der Straße der Leute Spott werden? Kehrt doch nur ruhig zurück in Euern Pergamentband.« – »Was geht Euch meine Kleidung an«, sprach Erasmus verdrießlich und wollte, den roten Kerl beiseite schiebend, vorübergehen, *der* schrie ihm nach: »Nun, nun – eilt nur nicht so, zur Giulietta könnt Ihr doch jetzt gleich nicht hin.« Erasmus drehte sich rasch um. »Was sprecht Ihr von Giulietta«, rief er mit wilder Stimme, den roten Kerl bei der Brust packend. *Der* wandte sich aber pfeilschnell und war, ehe sich's Erasmus versah, verschwunden. Erasmus blieb ganz verblüfft stehen mit dem Stahlknopf in der Hand, den er dem Roten abgerissen. »Das war der Wunderdoktor, Signor Dapertutto; was der nur von Euch wollte?« sprach der Diener, aber dem Erasmus wandelte ein Grauen an, er eilte sein Haus zu erreichen. –

Giulietta empfing den Erasmus mit all der wunderbaren Anmut und Freundlichkeit, die ihr eigen. Der wahnsinnigen Leidenschaft, die den Erasmus entflammt, setzte sie ein mildes, gleichmütiges Betragen entgegen. Nur dann und wann funkelten ihre Augen höher auf, und Erasmus fühlte, wie leise Schauer aus dem Innersten heraus ihn durchbebten, wenn sie manchmal ihn mit einem recht seltsamen Blicke traf. Nie sagte sie ihm, daß sie ihn liebe, aber ihre ganze Art und Weise mit ihm umzugehen, ließ es ihn deutlich ahnen, und so kam es, daß immer festere und festere Bande ihn umstrickten. Ein wahres Sonnenleben ging ihm auf; die Freunde sah er selten, da

Giulietta ihn in andere fremde Gesellschaft eingeführt. –
Einst begegnete ihm Friedrich, der ließ ihn nicht los, und als der Erasmus durch manche Erinnerung an sein Vaterland und an sein Haus recht mild und weich geworden, da sagte Friedrich: »Weißt du wohl, Spikher, daß du in recht gefährliche Bekanntschaft geraten bist? Du mußt es doch wohl schon gemerkt haben, daß die schöne Giulietta eine der schlauesten Courtisanen ist, die es je gab. Man trägt sich dabei mit allerlei geheimnisvollen, seltsamen Geschichten, die sie in gar besonderm Lichte erscheinen lassen. Daß sie über die Menschen, wenn sie will, eine unwiderstehliche Macht übt und sie in unauflösliche Bande verstrickt, seh' ich an dir, du bist ganz und gar verändert, du bist ganz der verführerischen Giulietta hingegeben, du denkst nicht mehr an deine liebe fromme Hausfrau.« – Da hielt Erasmus beide Hände vors Gesicht, er schluchzte laut, er rief den Namen seiner Frau. Friedrich merkte wohl, wie ein innerer harter Kampf begonnen. »Spikher«, fuhr er fort, »laß uns schnell abreisen.« »Ja, Friedrich«, rief Spikher heftig, »du hast recht. Ich weiß nicht, wie mich so finstre gräßliche Ahnungen plötzlich ergreifen, – ich muß fort, noch heute fort.« – Beide Freunde eilten über die Straße, quer vorüber schritt Signor Dapertutto, *der* lachte dem Erasmus ins Gesicht und rief: »Ach, eilt doch, eilt doch nur schnell, Giulietta wartet schon, das Herz voll Sehnsucht, die Augen voll Tränen. – Ach, eilt doch, eilt doch!« Erasmus wurde wie vom Blitz getroffen. »Dieser Kerl«, sprach Friedrich, »dieser Ciarlatano ist mir im Grunde der Seele zuwider, und daß *der* bei Giulietta aus- und eingeht und ihr seine Wunderessenzen verkauft« –

»Was!« rief Erasmus, »dieser abscheuliche Kerl bei Giulietta – bei Giulietta?« – »Wo bleibt Ihr aber auch so lange, alles wartet auf Euch, habt Ihr denn gar nicht an mich gedacht?« so rief eine sanfte Stimme vom Balkon herab. Es war Giulietta, vor deren Haus die Freunde, ohne es bemerkt zu haben, standen. Mit einem Sprunge war Erasmus im Hause. »Der ist nun einmal hin und nicht mehr zu retten«, sprach Friedrich leise und schlich über die Straße fort. – Nie war Giulietta liebenswürdiger gewesen, sie trug dieselbe Kleidung als damals in dem Garten, sie strahlte in voller Schönheit und jugendlicher Anmut. Erasmus hatte alles vergessen, was er mit Friedrich gesprochen, mehr als je riß ihn die höchste Wonne, das höchste Entzücken unwiderstehlich hin, aber auch noch niemals hatte Giulietta so ohne allen Rückhalt ihm ihre innigste Liebe merken lassen. Nur *ihn* schien sie zu beachten, nur für *ihn* zu sein. – Auf einer Villa, die Giulietta für den Sommer gemietet, sollte ein Fest gefeiert werden. Man begab sich dahin. In der Gesellschaft befand sich ein junger Italiener von recht häßlicher Gestalt und noch häßlicheren Sitten, *der* bemühte sich viel um Giulietta und erregte die Eifersucht des Erasmus, der voll Ingrimm sich von den andern entfernte und einsam in einer Seitenallee des Gartens auf- und abschlich. Giulietta suchte ihn auf. »Was ist dir? – bist du denn nicht ganz mein?« Damit umfing sie ihn mit den zarten Armen und drückte einen Kuß auf seine Lippen. Feuerstrahlen durchblitzten ihn, in rasender Liebeswut drückte er die Geliebte an sich und rief: »Nein, ich lasse dich nicht, und sollte ich untergehen im schmachvollsten Verderben!« Giulietta lächelte seltsam bei diesen Worten, und ihn traf jener sonderbare Blick, der ihm jederzeit innern Schauer erregte. Sie gingen wieder zur Gesellschaft. Der widrige junge Italiener trat jetzt in die Rolle des Erasmus; von Eifersucht getrieben, stieß er allerlei spitze beleidigende Reden gegen Teutsche und insbesondere gegen Spikher aus. *Der* konnte es endlich nicht länger ertragen; rasch schritt er auf den Italiener los: »Haltet ein«, sprach er, »mit Euern nichtswürdigen Sticheleien auf Teutsche und auf mich, sonst werfe ich Euch in jenen Teich, und Ihr könnt Euch im Schwimmen versuchen.« In dem Augenblick blitzte ein Dolch in des Italieners Hand, da packte Erasmus ihn wütend bei der Kehle und warf ihn nieder, ein kräftiger Fußtritt ins Genick, und der Italiener gab röchelnd seinen Geist auf. – Alles stürzte auf den Erasmus los, er war ohne Besinnung – er fühlte sich ergriffen, fortgerissen. Als er wie aus tiefer Betäubung erwachte, lag er in einem kleinen Kabinett zu Giuliettas Füßen, die, das Haupt über ihn herabgebeugt, ihn mit beiden Armen umfaßt hielt. »Du böser, böser Teutscher«, sprach sie unendlich sanft und mild, »welche Angst hast du mir verursacht! Aus der nächsten Gefahr habe ich dich errettet, aber nicht sicher bist du mehr in Florenz, in Italien. Du mußt fort, du mußt mich, die dich so sehr liebt, verlassen.« Der Gedanke der Trennung zerriß den Erasmus in namenlosem Schmerz und Jammer. »Laß mich bleiben«, schrie er, »ich will ja gern den Tod leiden, heißt denn sterben mehr als leben ohne dich?« Da war es ihm, als rufe eine leise ferne Stimme schmerzlich seinen Namen. Ach! es war die Stimme der frommen teutschen Hausfrau. Erasmus verstummte, und auf ganz seltsame Weise fragte Giulietta: »Du denkst wohl an dein Weib? – Ach, Erasmus, du wirst mich nur zu bald vergessen.« – »Könnte ich nur ewig und immerdar ganz dein sein«, sprach Erasmus. Sie standen gerade vor dem schönen breiten Spiegel, der in der Wand des Kabinetts angebracht war und an dessen beiden Seiten helle Kerzen brannten. Fester, inniger drückte Giulietta den Erasmus an sich, indem sie leise lispelte: »Laß mir dein Spiegelbild, du innig Geliebter, es soll mein und bei mir bleiben immerdar.« – »Giulietta«, rief Erasmus ganz verwundert, »was meinst du denn? – mein Spiegelbild?« – Er sah dabei in den Spiegel, der ihn und Giulietta in süßer Liebesumarmung zurückwarf. »Wie kannst du denn mein Spiegelbild behalten«, fuhr er fort, »das mit mir wandelt überall und aus jedem klaren Wasser, aus jeder hellgeschliffnen Fläche mit entgegentritt?« – »Nicht einmal«, sprach Giulietta, »nicht einmal diesen Traum deines Ichs, wie er aus dem Spiegel hervorschimmert, gönnst du mir, der du sonst mein mit Leib und Leben sein wolltest? Nicht einmal dein unstetes Bild soll bei mir bleiben und mit mir wandeln durch das arme Leben, das nun wohl, da du fliehst, ohne Lust und Liebe bleiben wird?« Die heißen Tränen stürzten der Giulietta aus den schönen dunklen Augen. Da rief Erasmus, wahnsinnig vor tötendem Liebesschmerz: »Muß ich denn fort von dir? – muß ich fort, so soll mein Spiegelbild dein bleiben auf ewig und immerdar. Keine Macht – der Teufel soll es dir nicht entreißen, bis du mich selbst hast mit Seele und Leib.« – Giuliettas Küsse brannten wie Feuer auf seinem Munde, als er dies gesprochen, dann ließ sie ihn los und streckte sehnsuchtsvoll die Arme aus nach dem Spiegel. Erasmus sah, wie sein Bild unabhängig von seinen Bewegungen hervortrat, wie es in Giuliettas Arme glitt, wie es mit ihr im seltsamen Duft verschwand. Allerlei häßliche Stimmen meckerten und lachten in teuflischem Hohn; erfaßt von dem Todeskrampf des tiefsten Entsetzens, sank er bewußtlos zu Boden, aber die fürchterliche Angst – das Grausen riß ihn auf aus der Betäubung, in dicker dichter Finsternis taumelte er zur Tür hinaus, die Treppe hinab. Vor dem Hause ergriff man ihn und hob ihn in einen Wagen, der schnell fortrollte. »Dieselben haben sich etwas alteriert, wie es scheint«, sprach der Mann, der sich neben ihn gesetzt hatte, in teutscher Sprache, »Dieselben haben sich etwas alteriert, indessen wird jetzt alles ganz vortrefflich gehen, wenn Sie sich nur mir ganz überlassen wollen. Giuliettchen hat schon das ihrige getan und mir Sie empfohlen. Sie sind auch ein recht lieber junger Mann und inklinieren erstaunlich zu angenehmen Späßen, wie sie uns, mir und Giuliettchen, sehr behagen. Das war mir ein recht tüchtiger teutscher Tritt in den Nacken. Wie dem Amoroso die Zunge kirschblau zum Halse heraushing – es sah recht possierlich aus, und wie er so krächzte und ächzte und nicht gleich abfahren konnte – ha – ha – ha –« Die Stimme des Mannes war so widrig höhnend, sein Schnickschnack so gräßlich, daß die Worte Dolchstichen gleich in des Erasmus Brust fuhren. »Wer Ihr auch sein mögt«, sprach Erasmus, »schweigt, schweigt von der entsetzlichen Tat, die ich bereue!« – »Bereuen, bereuen!« erwiderte der Mann, »so bereut Ihr auch wohl, daß Ihr Giulietta kennen gelernt und ihre süße Liebe erworben habt?« – »Ach, Giulietta, Giulietta!« seufzte Erasmus. »Nun ja«, fuhr der Mann fort, »so seid Ihr nun kindisch, Ihr wünscht und wollt, aber alles soll auf gleichem glatten Wege bleiben. Fatal ist es zwar, daß Ihr Giulietta habt verlassen müssen, aber doch könnte ich wohl, bliebet Ihr hier, Euch allen Dolchen Eurer Verfolger und auch der lieben Justiz entziehen.« Der Gedanke, bei Giulietta bleiben zu können, ergriff den Erasmus gar mächtig. »Wie wäre das möglich?« fragte er. – »Ich kenne«, fuhr der Mann fort, »ein sympathetisches Mittel, das Eure Verfolger mit Blindheit schlägt, kurz, welches bewirkt, daß Ihr ihnen immer mit einem andern Gesichte erscheint und sie Euch niemals wieder erkennen. Sowie es Tag ist, werdet Ihr so gut sein, recht lange und aufmerksam in irgend einen Spiegel zu schauen, mit Euerm Spiegelbilde nehme ich dann, ohne es im mindesten zu versehren, gewisse Operationen vor, und Ihr seid geborgen, Ihr könnt dann leben mit Giulietta ohne alle Gefahr in aller Lust und Freudigkeit.« – »Fürchterlich, fürchterlich!« schrie Erasmus auf. »Was ist denn fürchterlich, mein Wertester?« fragte der Mann höhnisch. »Ach, ich – habe, ich – habe«, fing Erasmus an – »Euer Spiegelbild sitzen lassen«, fiel der Mann schnell ein, »sitzen lassen bei Giulietta? – ha ha ha! Bravissimo, mein Bester! Nun könnt Ihr durch Fluren und Wälder, Städte und Dörfer laufen, bis Ihr Euer Weib gefunden nebst dem kleinen Rasmus und wieder ein Familienvater seid, wiewohl ohne Spiegelbild, worauf es Eurer Frau auch weiter wohl nicht ankommen wird, da sie Euch leiblich hat, Giulietta aber nur Euer schimmerndes Traum-Ich.« – »Schweige, du entsetzlicher Mensch«, schrie Erasmus. In dem Augenblick nahte sich ein fröhlich singender Zug mit Fackeln, die ihren Glanz in den Wagen warfen. Erasmus sah seinem Begleiter ins Gesicht und erkannte den häßlichen Doktor Dapertutto. Mit einem Satz sprang er aus dem Wagen und lief dem Zuge entgegen, da er schon in der Ferne

Friedrichs wohltönenden Baß erkannt hatte. Die Freunde kehrten von einem ländlichen Mahle zurück. Schnell unterrichtete Erasmus Friedrichen von allem, was geschehen, und verschwieg nur den Verlust seines Spiegelbildes. Friedrich eilte mit ihm voran nach der Stadt, und so schnell wurde alles Nötige veranstaltet, daß, als die Morgenröte aufgegangen, Erasmus auf einem raschen Pferde sich schon weit von Florenz entfernt hatte. – Spikher hat manches Abenteuer aufgeschrieben, das ihm auf seiner Reise begegnete. Am merkwürdigsten ist der Vorfall, welcher zuerst den Verlust seines Spiegelbildes ihm recht seltsam fühlen ließ. Er war nämlich gerade, weil sein müdes Pferd Erholung bedurfte, in einer großen Stadt geblieben und setzte sich ohne Arg an die stark besetzte Wirtstafel, nicht achtend, daß ihm gegenüber ein schöner klarer Spiegel hing. Ein Satan von Kellner, der hinter seinem Stuhle stand, wurde gewahr, daß drüben im Spiegel der Stuhl leer geblieben und sich nichts von der darauf sitzenden Person reflektiere. Er teilte seine Bemerkung dem Nachbar des Erasmus mit, *der* seinem Nebenmann, es lief durch die ganze Tischreihe ein Gemurmel und Geflüster, man sah den Erasmus an, dann in den Spiegel. Noch hatte Erasmus gar nicht bemerkt, daß ihm das alles galt, als ein ernsthafter Mann vom Tische aufstand, ihn vor den Spiegel führte, hineinsah und dann, sich zur Gesellschaft wendend, laut rief: »Wahrhaftig, er hat kein Spiegelbild!« »Er hat kein Spiegelbild – er hat kein Spiegelbild!« schrie alles durcheinander; »ein mauvais sujet, ein homo nefas, werft ihn zur Tür hinaus!« – Voll Wut und Scham flüchtete Erasmus auf sein Zimmer; aber kaum war er dort, als ihm von Polizei wegen angekündigt wurde, daß er binnen einer Stunde mit seinem vollständigen, völlig ähnlichen Spiegelbilde vor der Obrigkeit erscheinen oder die Stadt verlassen müsse. Er eilte von dannen, vom müßigen Pöbel, von den Straßenjungen verfolgt, die ihm nachschrieen: »Da reitet er hin, der dem Teufel sein Spiegelbild verkauft hat, da reitet er hin!« – Endlich war er im Freien. Nun ließ er überall, wo er hinkam, unter dem Vorwande eines natürlichen Abscheus gegen jede Abspiegelung, alle Spiegel schnell verhängen, und man nannte ihn daher spottweise den General Suwarow, der ein gleiches tat.

Freudig empfing ihn, als er seine Vaterstadt und sein Haus erreicht, die liebe Frau mit dem kleinen Rasmus, und bald schien es ihm, als sei in ruhiger, friedlicher Häuslichkeit der Verlust des Spiegelbildes wohl zu verschmerzen. Es begab sich eines Tages, daß Spikher, der die schöne Giulietta ganz aus Sinn und Gedanken verloren, mit dem kleinen Rasmus spielte; *der* hatte die Händchen voll Ofenruß und fuhr damit dem Papa ins Angesicht. »Ach, Vater, Vater, wie hab' ich dich schwarz gemacht, schau 'mal her!« So rief der Kleine und holte, ehe Spikher es hindern konnte, einen Spiegel herbei, den er, ebenfalls hineinschauend, dem Vater vorhielt. – Aber gleich ließ er den Spiegel weinend fallen und lief schnell zum Zimmer hinaus. Bald darauf trat die Frau herein, Staunen und Schreck in den Mienen. »Was hat mir der Rasmus von dir erzählt«, sprach sie. »Daß ich kein Spiegelbild hätte, nicht wahr, mein Liebchen?« fiel Spikher mit erzwungenem Lächeln ein und bemühte sich zu beweisen, daß es zwar unsinnig sei zu glauben, man könne überhaupt sein Spiegelbild verlieren, im ganzen sei aber nicht viel daran verloren, da jedes Spiegelbild doch nur eine Illusion sei, Selbstbetrachtung zur Eitelkeit führe, und noch dazu ein solches Bild das eigne Ich spalte in Wahrheit und Traum. Indem er so sprach, hatte die Frau von einem verhängten Spiegel, der sich in dem Wohnzimmer befand, schnell das Tuch herabgezogen. Sie schaute hinein, und als träfe sie ein Blitzstrahl, sank sie zu Boden. Spikher hob sie auf, aber kaum hatte die Frau das Bewußtsein wieder, als sie ihn mit Abscheu von sich stieß. »Verlasse mich«, schrie sie, »verlasse mich, fürchterlicher Mensch! Du bist es nicht, du bist nicht mein Mann, nein – ein höllischer Geist bist du, der mich um meine Seligkeit bringen, der mich verderben will. – Fort, verlasse mich, du hast keine Macht über mich, Verdammter!« Ihre Stimme gellte durch das Zimmer, durch den Saal, die Hausleute liefen entsetzt herbei, in voller Wut und Verzweiflung stürzte Erasmus zum Hause hinaus. Wie von wilder Raserei getrieben, rannte er durch die einsamen Gänge des Parks, der sich bei der Stadt befand. Giuliettas Gestalt stieg vor ihm auf in Engelsschönheit, da rief er laut: »Rächst du dich so, Giulietta, dafür, daß ich dich verließ und dir statt meines Selbst nur mein Spiegelbild gab? Ha, Giulietta, ich will ja dein sein mit Leib und Seele, *sie* hat mich verstoßen, *sie*, der ich dich opferte. Giulietta, Giulietta, ich will ja dein sein mit Leib und Leben und Seele.« – »Das können Sie ganz füglich, mein Wertester«, sprach Signor Dapertutto, der auf einmal in seinem scharlachroten Rocke mit den blitzenden Stahlknöpfen dicht neben ihm stand. Es waren Trosteswortе für den unglücklichen Erasmus, deshalb achtete er nicht Dapertuttos hämisches, häßliches Gesicht, er blieb stehen und fragte mit recht kläglichem Ton: »Wie soll ich sie denn wieder finden, sie, die wohl auf immer für mich verloren ist!« – »Mit nichten«, erwiderte Dapertutto, »sie ist gar nicht weit von hier und sehnt sich erstaunlich nach Ihrem werten Selbst, Verehrter, da doch, wie Sie einsehen, ein Spiegelbild nur eine schnöde Illusion ist. Übrigens gibt sie Ihnen, sobald sie sich Ihrer werten Person, nämlich mit Leib, Leben und Seele, sicher weiß, Ihr angenehmes Spiegelbild glatt und unversehrt dankbarlichst zurück.« »Führe mich zu ihr – zu ihr hin!« rief Erasmus, »wo ist sie?« »Noch einer Kleinigkeit bedarf es«, fiel Dapertutto ein, »bevor Sie Giulietta sehen und sich ihr gegen Erstattung des Spiegelbildes ganz ergeben können. Dieselben vermögen nicht so ganz über Dero werte Person zu disponieren, da Sie noch durch gewisse Bande gefesselt sind, die erst gelöset werden müssen. – Dero liebe Frau nebst dem hoffnungsvollen Söhnlein« – »Was soll das?« – fuhr Erasmus wild auf. »Eine unmaßgebliche Trennung dieser Bande«, fuhr Dapertutto fort, »könnte auf ganz leicht menschliche Weise bewirkt werden. Sie wissen ja von Florenz aus, daß ich wundersame Medikamente geschickt zu bereiten weiß, da hab' ich denn hier so ein Hausmittelchen in der Hand. Nur ein paar Tropfen dürfen *die* genießen, welche Ihnen und der lieben Giulietta im Wege sind, und sie sinken ohne schmerzliche Gebärde lautlos zusammen. Man nennt das zwar sterben, und der Tod soll bitter sein; aber ist denn der Geschmack bittrer Mandeln nicht lieblich, und nur *diese* Bitterkeit hat *der* Tod, den dieses Fläschchen verschließt. Sogleich nach dem fröhlichen Hinsinken wird die werte Familie einen angenehmen Geruch von bittern Mandeln verbreiten. – Nehmen Sie, Geehrtester.« – Er reichte dem Erasmus eine kleine Phiole hin*. »Entsetzlicher Mensch«, schrie dieser, »vergiften soll ich Weib und Kind?« »Wer spricht denn von Gift«, fiel der Rote ein, »nur ein wohlschmeckendes Hausmittel ist in der Phiole enthalten. Mir stünden andere Mittel, Ihnen Freiheit zu schaffen, zu Gebote, aber durch Sie selbst möcht' ich so ganz natürlich, so ganz menschlich wirken, das ist nun einmal meine Liebhaberei. Nehmen Sie getrost, mein Bester!« – Erasmus hatte die Phiole in der Hand, er wußte selbst nicht wie. Gedankenlos rannte er nach Hause in sein Zimmer. Die ganze Nacht hatte die Frau unter tausend Ängsten und Qualen zugebracht, sie behauptete fortwährend, der Zurückgekommene sei nicht ihr Mann, sondern ein höllischer Geist, der ihres Mannes Gestalt angenommen. Sowie Spikher ins Haus trat, floh alles scheu zurück, nur der kleine Rasmus wagte es, ihm nahe zu treten und kindisch zu fragen, warum er denn sein Spiegelbild nicht mitgebracht habe, die Mutter würde sich darüber zu Tode grämen. Erasmus starrte den Kleinen wild an, er hatte noch Dapertuttos Phiole in der Hand. Der Kleine trug seine Lieblingstaube auf dem Arm, und so kam es, daß diese mit dem Schnabel sich der Phiole näherte und an dem Pfropfe pickte; sogleich ließ sie den Kopf sinken, sie war tot. Entsetzt sprang Erasmus auf. »Verräter«, schrie er, »du sollst mich nicht verführen zur Höllentat!« – Er schleuderte die Phiole durch das offene Fenster, daß sie auf dem

* Dapertuttos Phiole enthielt gewiß rektifiziertes Kirschlorbeerwasser, sogenannte Blausäure. Der Genuß einer sehr geringen Quantität dieses Wassers (weniger als eine Unze) bringt die beschriebenen Wirkungen hervor. Horns »Archiv für mediz. Erfahr.« 1813. Mai bis Dez. Seite 510.

Steinpflaster des Hofes in tausend Stücke zersprang. Ein lieblicher Mandelgeruch stieg auf und verbreitete sich bis ins Zimmer. Der kleine Rasmus war erschrocken davongelaufen. Spikher brachte den ganzen Tag, von tausend Qualen gefoltert, zu, bis die Mitternacht eingebrochen. Da wurde immer reger und reger in seinem Innern Giuliettas Bild. Einst zersprang ihr in seiner Gegenwart eine Halsschnur, von jenen kleinen roten Beeren aufgezogen, die die Frauen wie Perlen tragen. Die Beeren auflesend, verbarg er schnell eine, weil sie an Giuliettas Halse gelegen, und bewahrte sie treulich. *Die* zog er jetzt hervor, und sie anstarrend richtete er Sinn und Gedanken auf die verlorne Geliebte. Da war es, als ginge aus der Perle der magische Duft hervor, der ihn sonst umfloß in Guiliettas Nähe. »Ach, Giulietta, dich nur noch ein einziges Mal sehen und dann untergehen in Verderben und Schmach.« – Kaum hatte er diese Worte gesprochen, als es auf dem Gange vor der Tür leise zu rischeln und zu rascheln begann. Er vernahm Fußtritte – es klopfte an die Tür des Zimmers. Der Atem stockte dem Erasmus vor ahnender Angst und Hoffnung. Er öffnete. Giulietta trat herein in hoher Schönheit und Anmut. Wahnsinnig vor Liebe und Lust schloß er sie in seine Arme. »Nun bin ich da, mein Geliebter«, sprach sie leise und sanft, »aber sieh, wie getreu ich dein Spiegelbild bewahrt!« Sie zog das Tuch vom Spiegel herab, Erasmus sah mit Entzücken sein Bild, der Giulietta sich anschmiegend; unabhängig von ihm selbst warf es aber keine seiner Bewegungen zurück. Schauer durchbebten den Erasmus. »Giulietta«, rief er, »soll ich denn rasend werden in der Liebe zu dir? – Gib mir das Spiegelbild, nimm mich selbst mit Leib, Leben und

Seele.« – »Es ist noch etwas zwischen uns, lieber Erasmus«, sprach Giulietta, »du weißt es – hat Dapertutto dir nicht gesagt« – »Um Gott, Giulietta«, fiel Erasmus ein, »kann ich nur auf diese Weise dein werden, so will ich lieber sterben.« – »Auch soll dich«, fuhr Giulietta fort, »Dapertutto keineswegs verleiten zu solcher Tat. Schlimm ist es freilich, daß ein Gelübde und ein Priestersegen nun einmal so viel vermag, aber lösen mußt du das Band, was dich bindet, denn sonst wirst du niemals gänzlich mein, und dazu gibt es ein anderes, besseres Mittel, als Dapertutto vorgeschlagen.« – »Worin besteht das?« fragte Erasmus heftig. Da schlang Giulietta den Arm um seinen Nacken, und den Kopf an seine Brust gelehnt, lispelte sie leise: »Du schreibst auf ein kleines Blättchen deinen Namen Erasmus Spikher unter die wenigen Worte: ›Ich gebe meinem guten Freunde Dapertutto Macht über meine Frau und über mein Kind, daß er mit ihnen schalte und walte nach Willkür, und löse das Band, das mich bindet, weil ich fortan mit meinem Leibe und mit meiner unsterblichen Seele angehören will der Giulietta, die ich mir zum Weibe erkoren, und der ich mich noch durch ein besonderes Gelübde auf immerdar verbinden werde‹.« Es rieselte und zuckte dem Erasmus durch alle Nerven. Feuerküsse brannten auf seinen Lippen, er hatte das Blättchen, das ihm Giulietta gegeben, in der Hand. Riesengroß stand plötzlich Dapertutto hinter Giulietta und reichte ihm eine metallene Feder. In dem Augenblick sprang dem Erasmus ein Äderchen an der linken Hand, und das Blut spritzte heraus. »Tunke ein, tunke ein – schreib, schreib«, krächzte der Rote. – »Schreib, schreib, mein ewig, einzig Geliebter«, lispelte Giulietta. Schon hatte er die Feder mit Blut gefüllt, er setzte zum Schreiben an – da ging die Tür auf, eine weiße Gestalt trat herein, die gespenstisch starren Augen auf Erasmus gerichtet, rief sie schmerzvoll und dumpf: »Erasmus, Erasmus, was beginnst du – um des Heilandes willen, laß ab von gräßlicher Tat!« – Erasmus, in der warnenden Gestalt sein Weib erkennend, warf Blatt und Feder weit von sich. – Funkelnde Blitze schossen aus Giuliettas Augen, gräßlich verzerrt war das Gesicht, brennende Glut ihr Körper. »Laß ab von mir, Höllengesindel, du sollst keinen Teil haben an meiner Seele. In des Heilandes Namen, hebe dich von mir hinweg, Schlange – die Hölle glüht aus dir.« – So schrie Erasmus und stieß mit kräftiger Faust Giulietta, die ihn noch immer umschlungen hielt, zurück. Da gellte und heulte es in schneidenden Mißtönen, und es rauschte wie mit schwarzen Rabenfittichen im Zimmer umher. – Giulietta – Dapertutto verschwanden im dicken stinkenden Dampf, der wie aus den Wänden quoll, die Lichter verlöschend. Endlich brachen die Strahlen des Morgenrots durch die Fenster. Erasmus begab sich gleich zu seiner Frau. Er fand sie ganz milde und sanftmütig. Der kleine Rasmus saß schon ganz munter auf ihrem Bette; sie reichte dem erschöpften Mann die Hand, sprechend: »Ich weiß nun alles, was dir in Italien Schlimmes begegnet, und bedaure dich von ganzem Herzen. Die Gewalt des Feindes ist sehr groß, und wie er denn nun allen möglichen Lastern ergeben ist, so stiehlt er auch sehr und hat dem Gelüst nicht widerstehen können, dir dein schönes, vollkommen ähnliches Spiegelbild auf recht hämische Weise zu entwenden. – Sieh doch einmal in jenen Spiegel dort, lieber, guter Mann!« – Spikher tat es, am ganzen Leibe zitternd, mit recht kläglicher Miene. Blank und klar blieb der Spiegel, kein Erasmus Spikher schaute heraus. »Diesmal«, fuhr die Frau fort, »ist es recht gut, daß der Spiegel dein Bild nicht zurückwirft, denn du siehst sehr albern aus, lieber Erasmus. Begreifen wirst du aber übrigens wohl selbst, daß du ohne Spiegelbild ein Spott der Leute bist und kein ordentlicher, vollständiger Familienvater sein kannst, der Respekt einflößt der Frau und den Kindern. Rasmuschen lacht dich auch schon aus und will dir nächstens einen Schnauzbart malen mit Kohle, weil du das nicht bemerken kannst. Wandre also nur noch ein bißchen in der Welt herum und suche gelegentlich dem Teufel dein Spiegelbild abzujagen. Hast du's wieder, so sollst du mir recht herzlich willkommen sein. Küsse mich, (Spikher tat es) und nun – glückliche Reise! Schicke dem Rasmus dann und wann ein paar neue Höschen, denn er rutscht sehr auf den Knien und braucht dergleichen viel. Kommst du aber nach Nürnberg, so füge einen bunten Husaren hinzu und einen Pfefferkuchen als liebender Vater. Lebe recht wohl, lieber Erasmus!« – Die Frau drehte sich auf die andere Seite und schlief ein. Spikher hob den kleinen Rasmus in die Höhe und drückte ihn ans Herz; der schrie aber sehr, da setzte Spikher ihn wieder auf die Erde und ging in die weite Welt. Er traf einmal auf einen gewissen Peter Schlemihl, der hatte seinen Schlagschatten verkauft; beide wollten Kompagnie gehen, so daß Erasmus Spikher den nötigen Schlagschatten werfen, Peter Schlemihl dagegen das gehörige Spiegelbild reflektieren sollte; es wurde aber nichts daraus.

Ende der Geschichte vom verlornen Spiegelbilde.

Postskript des reisenden Enthusiasten

– Was schaut denn dort aus jenem Spiegel heraus? – Bin ich es auch wirklich? – O Julie – Giulietta – Himmelsbild – Höllengeist – Entzücken und Qual – Sehnsucht und Verzweiflung. – Du siehst, mein lieber Theodor Amadäus Hoffmann, daß nur zu oft eine fremde dunkle Macht sichtbarlich in mein Leben tritt und, den Schlaf um die besten Träume betrügend, mir gar seltsame Gestalten in den Weg schiebt. Ganz erfüllt von den Erscheinungen der Silvester-Nacht, glaube ich beinahe, daß jener Justizrat wirklich von Dragant, sein Tee eine Weihnachts- oder Neujahrsausstellung, die holde Julie aber jenes verführerische Frauenbild von Rembrandt oder Callot war, das den unglücklichen Erasmus Spikher um sein schönes ähnliches Spiegelbild betrog. Vergib mir das!

CLEMENS BRENTANO

Abschied dem Jahre 1834

Leb wohl du Jahr voll Tränen!
O lasse mich an deinem letzten Tag
Noch einmal selig wähnen,
Daß ich an einem Kinderherzen lag!

Geh hin du Jahr voll Tränen!
Tritt glaubend hin vor Gottes Thron,
Er wird um krankes Sehnen
Dich strenge richten, nimmer doch um Hohn!

O selig Jahr voll Tränen!
War dir auch früh das tiefre Wort geraubt,
So war der Strom der Tränen
Zu ihren Füßen oft dir doch erlaubt!

O liebes Jahr voll Tränen!
O dichte Saat, wie segnend reift dein Schmerz,
O hochbelohnt! mein Sehnen!
Ich fühlte jauchzend, ja! sie hat ein Herz!

O Jahr von heißen Tränen!
Geheimnisvoller, als sie weiß, berauscht,
Was all sie kann verschönen,
Du hast in Tränen sterbend es belauscht.

O Jahr voll bitt'rer Tränen!
Ist irgend Gottes Wahrheit offenbar,
Ist vieles hier nur Wähnen,
So opfre, weine darum am Altar!

O Jahr voll tiefer Tränen!
Du magst vertraut dein armes müdes Haupt,
Ans Kreuz nur ruhig lehnen,
Du hast geliebet, hast gehofft, geglaubt.

O teures Jahr voll Tränen!
Du bist in bittrer Reue Flut getauft,
Der wird uns auch versöhnen,
Der uns mit seiner Weihe Blut erkauft.

Geh hin! du Jahr voll Tränen!
Geh, werfe dich zu ihren Füßen hin!
Und wasche sie mit Tränen
Sag ihr, daß ich ihr armer Bruder bin!

Ihr Bruder ganz in Tränen,
Ihr kranker Bruder, um die eigne Schuld,
Um fremde Schuld in Tränen,
Ihr Bruder weinend um der Väter Schuld!

O sterbe Jahr in Tränen
Weil unsrer Väter Schuld die Kinder trennt,
Und diesen scheint ein Wähnen
Was unsre Mutter ew'ge Wahrheit nennt.

Leb wohl du Jahr voll Tränen,
O lasse mich an deinem letzten Tag
Noch einmal selig wähnen,
Daß ich an einem Kinderherzen lag.

ACHIM VON ARNIM

Sylvesterlied

Vorsänger

Herzchen im Turme,
Schlagende Uhr,
Klinge im Sturme
Durch die Natur;
Bring uns die ferne
Sonne zurück,
Feurige Sterne
Ahnen dies Glück:
Himmlisch getragen
Bringst du das Jahr:
Zwölf hat's geschlagen
Deutlich und klar.

Chor

Öffnet die Fenster
Allem Geschrei,
Wolkengespenster,
Zieht nun vorbei!
Was heut die sinkende
Sonne bedacht,
Zeigen schon blinkende
Sterne der Nacht,
Sind schon von wärmender

Sonne durchblickt,
Sind schon von schwärmender
Liebe entzückt.

Vorsänger

Dreht sich das alte
Jahr nun zurück:
Daß sich erhalte
Älteres Glück, –
Kommt nun das neue
Jahr in die Welt:
Daß sich zerstreue,
Was uns mißfällt, –
So ist gestaltet
Göttergeschick,
Treulich verwaltet
Alle dies Glück!

Chor

Hände verschlinget,
Herzen vereint:
Was uns durchdringet,
Festlich erscheint;
Wir, als die Wissenden,
Tun es hier kund,
Schließen mit küssenden
Lippen den Mund,
Daß uns magnetische
Weihung durchglüht
Und das poetische
Neujahr erblüht.

Vorsänger

Geistig beginnet,
Was sich erneut,
Geistig gewinnet
Jeder die Zeit;
Tief im Gemüte
Waltet die Kraft,
Daß sich die Blüte
Hoffend erschafft;
Wünschet heut offen:
Was euch erfreut,
Sehet im Hoffen
Alles erneut.

Chor

Immer im Dunkel
Kommt uns das Jahr,
Weinesgefunkel
Machet es klar;
Bringt uns die klingenden
Gläser herbei!
Schließet die singenden
Kehlen aufs neu:
Sammelt die feurigen
Wünsche beim Glas,
Keiner der Eurigen
Beiße ins Gras!

Vorsänger

Fröhliche Schwestern!
Trinkt auf die Zeit:
Eben war gestern,

Eben ist heut;
Herrliche Brüder!
Schenket euch ein:
Zeitengefieder
Rauschet beim Wein,
Hebt uns zum Tanze,
Dreht uns im Kreis,
Schwinget im Kranze
Jüngling und Greis.

Chor

Lasset uns schweben
Über die Welt,
Allem ergeben,
Was uns gefällt;
Wenn der geklügelte
Gott aus uns spricht,
Flieht das geklügelte
Faltengesicht,
Und im erheiternden
Hauche der Zeit
Ziehen die scheiternden
Schiffe noch weit!

LUDWIG BÖRNE

Die Silvesternacht eines alten Herzens
(1. Januar 1827)

Ich übe ein verlerntes Knabenspiel, ich koste alte Jünglingslust: ich *will ein Tagebuch schreiben!* So sagte ich mir oft in den Tagen meines Frühlings; doch das Herz war voll und das Blatt blieb leer. Den Gedanken, den Sarg des Gefühls – jetzt kann ich ihn versilbern, jetzt mit Blumen bekränzen; aber schöner war es, als das Herz noch lebte und es stumm war. Die Seligkeit der Jugend, wer faßt sie, wer erklärt sie mir? Gütiger Vater, ich fordere keine der alten Freuden zurück, gieb mir nur die Schmerzen, gieb mir die Thränen meiner Jugend wieder.

Ich war die Nacht auf einem Balle. In dem Tanzsaale leuchteten Kandelaber, die nämlichen, die gestern bei einer Leiche brannten. Junge Mädchen saßen darunter, Schäferinnen unter Bäumen und schrieben munter die versprochenen Tänze auf. O haltet Wort, haltet alle Wort! Und du, strenger Tod, lächle einmal und bestrafe nicht den Übermut dieser Kinder . . .

Sind diese Mädchenlippen nicht so rot, blühen diese Wangen minder schön, tönt dieses Gekose so lieblich nicht mehr, als es war in den Tagen meiner Jugend? Wie hell sieht mein Auge, seit es der Tau der Sehnsucht nicht mehr befeuchtet! Was mich sonst gerührt, sehe ich jetzt mit Lächeln, ja mit Lachen an. Es giebt keine Welt, Wahrheit ist nur im Traume.

Sechsundzwanzig Jahre sind vorübergegangen, seit ich jene Nacht, wo zwei Jahrhunderte sich begegneten, festlich und feierlich begangen. Ich war noch ein Knabe und ward fern von der Heimat erzogen. Meine Lehrer waren Jünglinge und wie alt und grau erschienen sie mir. Ich hatte zwei Gläschen warmen Wein getrunken und diese heißen Tropfen, wie Meereswogen warfen sie mich himmelwärts. Ich war mutig; stürmte das Herz noch so wild, ich zog nie die Segel ein. Jetzt liege ich furchtsam im Hafen und wage mich nicht hinaus beim stillen Wetter. Mein Herz fürchtet und ich fürchte mein Herz. Man scherzte damals, die Welt würde untergehen um Mitternacht. Es machte mich beklommen, ich kannte den Scherz, ich kannte den Ernst noch nicht. Als die Mitternacht nahte, trat ich mit offener Brust ans Fenster, Luise stand mir zur Seite. Nicht um alle Küsse Cytherens würde ich mich jetzt in solcher kalten Nacht meines Wämschens von Flanell entkleiden. Es ertönte der erste Schlag der zwölften Stunde. »Jetzt«, sprach Luise. Es zitterten die Sterne, es zitterte eine Thräne in meinem Auge. Der letzte Schlag ertönte. »Jetzt«, sprach ich und umschlang Luisen, sie mich. Aber die Welt ging nicht unter, sie ging auf in mir . . . Kleine Freundin, lebst du noch? Doch du lebst mir nicht mehr. Du zogst bald darauf mit deinem Vater in den hohen Norden; ich blieb unter mildem Himmel, doch mich friert jetzt auch. Ich schenkte dir zum Angedenken eine kleine goldene Uhr. Vielleicht besitzest du sie noch, vielleicht hängt sie jetzt an deinem Gürtel und zeigt dir die Stunde, wenn der Fleischtopf an das Feuer zu stellen; oder sie liegt vor dem Krankenbette deiner Tochter und ruft dich, ihr die bittere Schale zu reichen. Auf

blauem Schmelz war ein bunter lächelnder Amor gemalt. Noch glänzt, noch lächelt er gewiß; aber er schimmert uns, er lächelt uns nicht mehr.
Ein junges Mädchen saß still und traurig in einem Winkel des Saals. Dunkle Locken umschatteten ihr heißes Auge. Aber der Feind der Schönheit hatte noch auf seiner Flucht sie tückisch verwundet. Sie war blatternarbig. Keiner hatte sie zum Tanze aufgefordert. Ich setzte mich zu ihr; ich war verwegen; ich trug keine Krone und wollte ihr die Kränkung und die verlorenen Tänze vergüten. Bald lächelte ich meiner Mühe. Den Generalbaß des Herzens habe ich gelernt; aber ein Liedchen spielen, das jungen Mädchen wohl gefällt – ich vermag's nicht mehr. Was ich fühlte, war so vernünftig, was ich schmeichelte, so gediegen, was ich sprach, so ungemünzt. Der kluge Jude hätte es verstanden, aber kein Bettler dafür gedankt. Ihr nasses Auge streifte an einen Jüngling vorüber, der mit seiner lustatmenden Tänzerin koste. Ist es das, du armes Kind? Wende dich zum Himmel. Nicht die Erde, nicht die Freundschaft, nicht der reiche Frühling mit allen seinen Fluren, bringt dir Balsam gegen diese Qual. Ich habe sie auch gekannt. Die Liebe zog breite Furchen durch meine Brust und warf reichen Samen hinein. Doch nur wenige Körner sind aufgegangen, und wucherndes Unkraut bedeckte und belohnte nicht den tiefen Schmerz.
Wenn die Jugend und wenn der Tod nicht wären, würde die Welt nicht alle Tage neu geschaffen; lebten die Menschen fort und fort und keine würden geboren; häufte sich Sünde auf Sünde, Eis auf Eis, und die Menschenbrust wäre ein ewiger Gletscher und stürzte mit jedem Atemzuge eine zermalmende Lavine herab – o fürchterlich! Die Kinder sind es, die

uns vor Gottes Strafgericht bewahren. Die Zeit ist zu kurz zwischen Wiege und Sarg, uns zur ewigen Verdammnis heranzureifen. Darum liebet die Alten; sie brauchen Liebe, denn sie verdienen sie nicht. Darum ehret die Kinder, denn sie bitten für euch, sie beschirmen euch.

Als ich ein Knabe war, träumte ich von guten und von bösen Menschen. Ich ward ein Mann, suchte die Bösen und fand sie nicht – da suchte ich auch die Guten nicht mehr. Ich träumte von edlen Rittern und vom finsteren Walde, worin grimmige Räuber hausen. Ich suchte den Wald und die schrecklichen Räuber und fand nur lächelnde Schurken in freundlichen Zimmern – da suchte ich keinen edlen Ritter weiter. Ich träumte von Löwen und Tigern, die fromme Lämmer zerrissen, ich suchte den Kampf mit ihnen und fand nur dumme Schäfer, die dümmere Schafe schoren. – Da sank mein Arm und ich spottete der Schafe. Ich träumte von Mut und Großmut, von Gerechtigkeit, von Freundschaft und Entsagung; ich träumte, man würde diese Tugenden alle von mir fordern, und ich versprach sie alle. Als ich ein Mann geworden, forderte man nichts als Geduld von mir; und ich entfloh. Ich träumte von Vaterland – wie liebte ich es! Ich ging in die Fremde und übertrat nichts als die Grenze der Polizei. Jetzt lächle ich auch dieses Traumes; wo Freiheit, da ist mein Vaterland, und allen Rebensaft des deutschen Rheins gebe ich für den Thran eines freien Samojeden hin.

Wie sauer ist dieser Wein, wie lahm sind diese Tänze, Musik, wie bist du so alt geworden! Einst trugst du mich auf deinen goldenen Flügeln hinauf zur goldenen Sonne der Freude, und war ich lustentbrannt, fächeltest du meine heiße Brust und trugst mich wieder hinab und legtest mich sanft auf die kühle, blumenüppige Erde nieder. Wie bist du so alt geworden! Ich trinke noch, ich höre Flöten und Geigen, ich tanze; aber ich könnte Brüche dabei rechnen wie ein Krämer, und ich irrte mich nicht. Mein Leben ist hohl, die Schale ist leer, und ich ernähre mich kümmerlich von der armen Scharre meiner Jugend. Was vergütet die schwelgerische Blume des Frühlings? Die heiße hoffnungsfrohe Arbeit des Sommers. Was den Sommer? – Die fröhliche Ernte. Was die Lust des Herbstes? – Der Herd im Hause. So vergütet Freiheit den Wein, die That die Liebe und das Vaterland die Jugend – und wo es nicht geschieht, wäre besser zugleich zu sterben mit seinem Herzen, und mit dem letzten Liebesseufzer den letzten Atemzug zu hauchen.

Wo dreizehn frohe Menschen sitzen, stirbt einer und alle erkranken an der Furcht des Todes. Der Tod ist gewiß, ungewiß ist nur das Leben. Gefahrvoll ist die Freude, sicher macht uns nur die Trauer. Wir spielen um helle Augen auf schwarzen Würfeln und wir werfen alle gleich. Wir spielen nur um oben und unten, um diese und jene Seite, um jetzt und einst. Sechs fallen immer, rechnet man die Freuden, die das Grab bedeckt, rechnet man die Hoffnung dem Genusse zu. Der Glückliche hat nichts zu fordern, der Unglückliche muß borgen.

Ich sah eine Braut weinen, weil sie glücklich war. Nichts schenkt uns das geizige Leben, mit Thränen bezahlen wir alles. Wer viel gekauft, hat viel geweint.

Frischer Morgenwind! Es schwellen die Segel, es schwillt das Herz in der Brust. Der Matrose raucht Gedanken, der alte Steuermann lächelt. Immer fort, immer fort. Wir suchen die Ruhe, wir suchen den Sturm; wir finden den Tod im Hafen oder in der Tiefe des Meeres. Nur fort, immer fort! Das Schiff steige oder sinke. Nur immer fort, nur keine Stille des Windes.

FRIEDRICH RÜCKERT

Neujahrslied

Wir machen unsre stille Runde
Das Dorf entlang,
Und tun zur mitternächt'gen Stunde
Den Abgesang.
Ein altes Jahr entschwebet,
Wie sich der Hammer hebet
Zum zwölften Klang;
Weg ist's auf immerdar!
Nun bringen wir ein neues Jahr,
Ein beßres, als das alte war.

Wo sich die Wohnung hat bereitet
Zufriedenheit,
Und drinnen sich ihr Bett gebreitet
Die Einigkeit,
Wo sich von Tag zu Tage
Mit Arbeit ohne Klage
Gibt das Geleit
Ein treu verbundnes Paar,
Dem wünschen wir ein neues Jahr,
Ein gutes, wie das alte war.

Wo die gedrängte Scheuer füllt
Der Garben Schwall,
Und nicht aus Futtermangel brüllt
Die Kuh im Stall,

Am Herde weitgebauchet
Der Kessel täglich rauchet,
Den derb und drall
Umlagert Kinderschar;
Da wünschen wir ein neues Jahr,
Ein gutes, wie das alte war.

Wo unverträglich mit der Angel
Die Türe knarrt,
Wo fauler Müßiggang dem Mangel
Entgegenharrt,
Wo am zerzausten Rocken
Die wunden Finger stocken,
Von Frost erstarrt,
Wo Holz und Licht ist rar;
Da wünschen wir ein neues Jahr,
Ein beßres, als das alte war.

Die unbeschränkten Wünsche dehnen
Ins Nichts sich aus,
Doch Überfluß von Kummertränen
Ertränkt ein Haus;
Da ist Genüg' und Frieden,
Wo jedem ist beschieden
Sein Teil zum Schmaus.
Das werd' auf Erden wahr!
So wünschen wir ein neues Jahr,
Ein beßres, als das alte war.

NIKOLAUS LENAU

In der Neujahrsnacht 1839–1840

Fahr' wohl, fahr' hin, o Jahr! nimm fort mit dir im Scheiden
All' deine Lust, nur laß nicht liegen mir die Leiden!

O könnt' ich hinter dir die Pforte schließen – hören,
Wie deine Tritte sich in stiller Nacht verlören!

Jetzt nah' und schon so fern, wie auf der Flucht ein Reiter,
Daß mein Gedächtnis, müd', nicht folgen könnte weiter,

Wie einem Reitersmann des Weges noch ein Stücke
Nachbellend folgt der Hund, und still dann kehrt zurücke!

Doch ist dies eitler Wahn, des Weges nimmer müde,
Folgt deinen Spuren nach, wohl bis er stirbt, mein Rüde.

Fahr' hin, unholdes Jahr! mir warst du von den schlimmen;
Es mögen andre dir ein Liedlein Dankes stimmen.

Die andern?! – strafend will die Scham mich überkommen,

Daß ich, was andern frommt, nicht mir auch ließe
frommen.

Was gilt mein Körnlein Schmerz, was gilt mein Lüftchen Klage,
O scheidend Jahr, wenn ich den letzten Gruß dir
sage?

Doch läßt mein Herz auch nur vom Weltgeschick
sich führen,
Kann mich dein Scheiden nicht zu Dankesthränen
rühren.

Zwar hieß dein wahres Wort manch Lügenbild erblassen,
Doch war dein Lieben matt, doch war zu kühl dein
Hassen.

Zwar hast du unserm Heil den Weg gebahnt von
Eisen;
Doch eisern mochte nicht dein Wille sich erweisen.

Noch fährt der Nachtgeist fort zu siegen und zu
schrecken,
Auf neuen Feldern stets sein Lager abzustecken.

Eins sei gebeten, Jahr: was du gethan, gesonnen,
Verlaufe nicht im Sand wie Wein zerschlagner
Tonnen

Wenn die Ablöse kommt, das Neue Jahr von Osten,
Und nimmt an deiner statt den Erdenwacheposten,

So murmle nicht zu dumpf die geltende Parole
In den bereiften Bart, daß sie der Wind nicht hole;

Damit dein Nachmann fein einhellig sich gebare,
In deinem Segensspruch nicht fluchend weiter fahre,

Und nicht, wo du geflucht, in's Knie anbetend sinke,
Und nicht, was du verscheucht, zurück liebkosend winke;

Und wo du Funken warfst, die glücklich schon gezündet,
Wo schon der Rauch für bald den Flammenschlag verkündet,

Da soll das neue Jahr nicht schrecken vor dem Rauche,
Nicht löschen feig stupid mit seinem Wasserschlauche!

HEINRICH HEINE

Paris, 31. Dezember 1842

(...)Ich schreibe diese Zeilen in den letzten Stunden des scheidenden bösen Jahres. Das neue steht vor der Türe. Möge es minder grausam sein als sein Vorgänger! Ich sende meinen wehmütigsten Glückwunsch zum Neujahr über den Rhein. Ich wünsche den Dummen ein bißchen Verstand und den Verständigen ein bißchen Poesie. Den Frauen wünsche ich die schönsten Kleider und den Männern sehr viel Geduld. Den Reichen wünsche ich ein Herz und den Armen ein Stückchen Brot. Vor allem aber wünsche ich, daß wir in diesem neuen Jahr einander so wenig als möglich verleumden mögen.

ANNETTE VON DROSTE-HÜLSHOFF

Am letzten Tage des Jahres
(Silvester)

Das Jahr geht um,
Der Faden rollt sich sausend ab.
Ein Stündchen noch, das letzte heut,
Und stäubend rieselt in sein Grab
Was einstens war lebend'ge Zeit.
Ich harre stumm.

's ist tiefe Nacht!
Ob wohl ein Auge offen noch?
In diesen Mauern rüttelt dein
Verrinnen, Zeit! Mir schaudert, doch
Es will die letzte Stunde sein
Einsam durchwacht.

Gesehen all,
Was ich begangen und gedacht,
Was mir aus Haupt und Herzen stieg:
Das steht nun eine ernste Wacht
Am Himmelstor. O halber Sieg,
O schwerer Fall!

Wie reißt der Wind
Am Fensterkreuze, ja es will
Auf Sturmesfittigen das Jahr
Zerstäuben, nicht ein Schatten still
Verhauchen unterm Sternenklar.
Du Sündenkind!

War nicht ein hohl
Und heimlich Sausen jeder Tag
In deiner wüsten Brust Verlies,
Wo langsam Stein an Stein zerbrach,
Wenn es den kalten Odem stieß
Vom starren Pol?

Mein Lämpchen will
Verlöschen, und begierig saugt
Der Docht den letzten Tropfen Öl.
Ist so mein Leben auch verraucht,
Eröffnet sich des Grabes Höhl'
Mir schwarz und still?

Wohl in dem Kreis,
Den dieses Jahres Lauf umzieht,
Mein Leben bricht: Ich wußt' es lang!
Und dennoch hat dies Herz geglüht
In eitler Leidenschaften Drang.
Mir brüht der Schweiß

Der tiefsten Angst
Auf Stirn und Hand! – Wie, dämmert feucht
Ein Stern dort durch die Wolken nicht?
Wär' es der Liebe Stern vielleicht,
Dir zürnend mit dem trüben Licht,
Daß du so bangst?

Horch, welch Gesumm?
Und wieder? Sterbemelodie!
Die Glocke regt den ehrnen Mund.
O Herr! ich falle auf das Knie:
Sei gnädig meiner letzten Stund!
Das Jahr ist um!

ADOLF GLASSBRENNER

Sylvesterrausch eines Berliner Arbeiters

FRISCHER *(hat nach beendeter Sylvesterfeier auf einer Bank unter den Linden geschlummert; er erwacht und sieht sich befremdet um)*. Tiefe, stille Nacht? Unter'n Linden? Sylvester? Punsch? Freiheit? Jlück gewunschen? Aha! *(nimmt den Hut ab)* Schlafen Sie wohl, 1848! Ich weene Ihnen eine Thräne nach un danke Ihnen vor Allens *(aufspringend)*. Ich bin *bejeistert*, bin ich! *(fällt wieder auf die Bank)* Des *kann* ich; ich bin *frei*! Des kann ich so jut wie jeder Andere – Banquier oder Jraf – kann ich des. Ich bin *jleich*! Ich bin jleich mit Allens, so wie – so wie mir Allens jleich is. Ich bin *brüderlich*! Ich bin Brüder von Alle, von alle Menschen, blos von die re-ochs-achs-jonähren Theekessels nich. 1848, komm' mal her! Laaß Dir mal in's Jesicht sehen, schönstes – erhabensten – stes Jahr der Menschheit. Du siehst janz jut aus, janz jut! Stirbst mit rothe Backen un mit offne, feurije Oogen. Was is des vor Feuer? Rrrrrrrevoluuzionsfeuer? Freiheitsfeuer? Liebesfeuer? So is es; – schlaf' wohl! Leje Dir janz ruhig bei Eewigkeitens zu Bette: Du hast Deine Schuldigkeit gedahn! Wir werden Dir nich verjessen, werden wir nich: wir *lieben* Dir! Bist 'ne jute Seele, ju'n Nacht! Ne, hör' mal, Du, dreh' Dir noch mal um, 1848, ich habe Dir noch was zu fragen, seh' mir noch mal an. So! Was hast Du gedahn? Du hast uns jeweckt, hast Du uns, *Uns, Mir,* die Menschheit! *Stille*! abwarten, was ich sagen werde! Du hast die verfluchte Tyrannei den Dolch in die Brust jestoßen, damit sie *aus*blutet, un damit – wie? was? – *rosenrother Frühling* wird, für Uns, für's Volk, für's jroße, weite Volk, den die Erde gehört, *Himmel un Erde!* Des war nett von Dir, war es, un nanu kannste schlummern jehn, un kannst alle die andern Fünf, Sechs oder Sieben Dausend Jahre, die vor Dir waren, sagen: en Compelment von *uns*, un sie hätten nischt jedoocht, oder jedaucht. Jar nischt nich hätten sie jedaucht! Sie sollten sich was *schämen*, sollten sie sich! En Compelment von *mir*, Arbeiter Frischer, Brüderstraße Nr. 49, un sie sollten sich was *schämen! (Er schwankt weiter.)* Wer hat die Welt jeschaffen? Jott? Meinswejen! *(steht still) Worum* hat er ihr geschaffen? Wie, wo? *(laut rufend)* Entweder, oder! *(etwas beruhigter)* Entweder die Welt konnte *jleich jut* jeschaffen sind, oder sie brauchte *jar* nich jeschaffen zu werden. Denn wärt' *noch* so! Wenn wir nischt von wüßten, wenn wir nischt von alle die Jeschichten, von Himmel un Sterne, von Jeheimeräthe un Leutnams, von Zahnschmerzen un Cabbenetsorders, von Hunger un Könje, von die janze Naturjeschichte un von *Durscht* nischt nich wüßten, denn wär't *noch* so! Denn dhäte uns keen Finger weh, un – un't Herz ooch nich. Aber anjetzt, als wie alleweile? Hm? Wenn't alleweile besser wird, denn is *et späte!* Wenn't alleweile besser wird, wo so? Hm? Des war bei die Schöpfungsjeschichte een Ufwaschen: worum is es früher nich besser jewesen? *(er blickt zum Himmel empor)* Worum sind wir nicht schon früher frei geworden, hm? *(läßt den Kopf sinken)* Keene Antwort! Immer un ewig dieselbe Jeschichte: keene Antwort. Det is wahr: eine Frage an't Schicksal hat man frei, aber – et *antwort't* nich. *(Er geht auf einen Constabler los.)* Vielleicht antwort't *des* Schicksal hier, der Kommstaapler. Hör'n Se mal, Herr jeheimer expedierndder Kommstaapler, was ich sagen wollte: worum hat Jott die Welt erschaffen? Entschuldjen Sie, ne, ick wollte Ihnen anders interpappel-plapper, peppel-pelliren, *interpellieren! (Er legt seine Hände auf des Constablers Schultern.)* Warum hat Jott die Welt nich jleich frei jeschaffen, ohne Könje, ohne Kommstaaplers, hm? So wollt'ick Ihnen interpeppelliren. Wozu dieser *Umwech,* hm? Wie?

CONSTABLER *(macht sich los von ihm).* Gehen Sie zu Hause un verhalten Sie sich ruhig.

FRISCHER. *Siehste,* wie De bist! Worum hat Jott die Welt nich jleich frei jeschaffen: jehen Se zu Hause un verhalten Se sich ruhig! Des is des alte Lied: jehen Se zu Hause un verhalten Se sich ruhig! Wie se uns noch mit Füßen jetreten haben un wir wollten schreien, hieß es: jehen Se zu Hause un verhalten Se sich ruhig, un jetzt, alleweile, nu wir ihnen einije Barrikaden unter de Nase jerieben haben, un *Uns* de Krone ufjesetzt haben, un Uns selber an de Rejentschaft jebracht haben, nanu fangen se schon wieder an un sagen: jehen Se zu Hause un verhalten Se sich ruhig. *(Zu einem Nachtwächter)* Hör'n Se mal, Nachtwächter, hohe obrigkeitliche Person, Sie sind doch ein Mensch, sind Sie, nich wahr? Sie sind doch ein Mensch, der seine fünf Sinne nöthig hat: was sagen Sie zu den *Umwech?* Wie?

NACHTWÄCHTER. Wat vor'n Umwech?

FRISCHER *(sinnend)*. Wat vor'n Umwech? Von't Schönhauser oder Rosendhaler Dhor durch de Königsstraße nach'n dustern Keller un wieder zurück. Hm? Was sagen Sie zu *den* Umwech?

NACHTWÄCHTER. Sie sind besoffen. *(Geht weiter.)*

FRISCHER. Janz richtig, des bin ich, des bin ich an jedem Sylvesterabend: ich danke Ihnen vor de Anerkennung. Des bin ich an jeden Sylvesterabend wejen de *Jleichheit*. Was die Vornehmen Recht is, is uns Arbeiter billig. *Alle* sind heute besoffen. In diesen Augenblicke is die janze Welt besoffen! Ein schöner, ein jroßer Mojement: *Allens besoffen! (Er geht dem Wächter nach.)* Es dhut mir leid, dhut es mir, deß Sie hohe obrigkeitliche Horn-Person, deß Sie eine Ausnahme sind, deß ich Ihnen sagen muß, deß ich es Ihnen nich verschweigen kann: deß Sie *nüchtern* sind! Man sagt so was seinen Menschenbruder nich jerne nach, aber die Wahrheit jeht über Allens. *(schreit) Die Wahrheit jeht über Allens! (wieder leiser zum Wächter)* Ju'n Nacht, Majistraat! Ju'n Nacht Kommstaapler von vorher! Prost Neujahr! Jott schenke Ihnen ein selijes Ende. Wenn Sie, Sie Nachtwächter! wenn Sie mal bei Dage Zeit haben, denn besuchen Se mir in de Brüderstraße Nummer 49 in Schlafstelle. Von Morjens Viere bis Fünwe jeb'ick *Audienz*, de überjen Stunden muß ick arbeeten als rechtschaffner Mann. *(steht still, heftig:) Wer sagt* hier, deß ich keen rechtschaffner Mann wäre? Wer? Esel verdammter, Pappstoffel, Hundekerl, Schafskopp, Pflaumflegel, Bratenflaps, Bummellümmel, Reachsjoneer, Theekessel! *(Droht einem Laternenpfahl mit geballter Faust.)* Ich bin freundlich zu Ihnen, zuvorkommend, und Sie sind jefälligst ein *jrober* Esel, wenn Sie erlauben wollen.

NACHTWÄCHTER *(kommt wieder vorüber)*. Wenn Sie hier noch lange schreien un so viel raisenieren, denn wer'n Se woll diese Nacht' ne andre Schlafstelle als in de Brüderstraße Nr. 49 haben. *(Geht weiter.)*

FRISCHER *(bleibt stehen und sieht ihm mit müden Augen nach)*. Wie? Was? Ach so, die alte Bürjerwehr stichelt uf de Kommstaaplers. Ach so: diesen feinen Jedanken errath' ick. Er meent, ick könnte, – mit meine – wie heeßt et? – Schlaf-Sonderinteressen vor diese Nacht in den Staat ufjehen, mir veralljemeinern, mir mit de Stadtfochtei ver*einbaren*. *(sehr erregt)* Wenn mir Eener anrührt, den hau' ick um de Jedankenfreiheit, det ihm en Jensd'arm aus de Nase looft! Wer mir anrührt, der is perdu, perdüü komm Ludwig Viehlipp! *(sanft für sich)* Ich *kann* mir benebeln, des is meine Freiheit. Was dhut die Rejierung? Sie benebelt mir meine Freiheit, also kann ick mir meine Freiheit alleene benebeln, kann ick. *(sehr lebhaft gestikulierend, laut)* Die janze Welt is benebelt, Allens benebelt, so weit die deutsche Zunge reicht. Der Reichsverweser ooch, *Alle! (sanfter)* Nebel is Nebel, der frägt nach keene Hoheit nich. Wir sind noch alle so benebelt, deß wir den Wald vor lauter Beeme nich sehen. Wir haben noch alle Bretter vor'n Kopp; wir stehen noch, wie der junge Mensch in de Volksversammlung sagt, unter die Tyrannei von de *Vor*urtheile, stehen wir. *(nachdenkend)* Wenn ich jetzt, alleweile ein Jlas *Punsch* hätte, denn – denn dhät ich, was ich wüßte. *(sich verbessernd)* Denn wüßt' ich, was ich dhäte. *(mit entschiedener*

Sicherheit) Ich *dränke es!* *(läßt den Kopf sinken)* Diese Fähigkeit, diese Jesinnung habe ich. Es sind die Foljen einer zu drocknen Zunge, weil die verschiednen politischen Frajen noch nich jelöst sind. *(Er verfällt in eine Art träumerischer Speculation.)* Denn Des is Allens Theorie. Die Arbeet muß sich selbst helfen. Der Mensch muß sich ooch selbst helfen. Der Staat muß sich ooch selbst helfen. Jott muß sich ooch selbst helfen. Von die Conschtischtuschtischtu – schtution wer' ich nich satt, weil hier ein König is un ein Volk, welches! Un überjens bleib' ich dabei, deß es ein Umwech is ... deß es ein Umwech is ... deß wir ... deß wir ... nanu muß ich mir um Entschuldijung bitten, deß ich vergessen habe, was ich mir habe sagen wollen.

NACHTWÄCHTER *(pfeift)*. ... is die Klock!

FRISCHER *(horchend)*. Eens? Erscht *een* Uhr? Jott, wo wird man heute seinen Abend hinbringen! Ick jloobe überjens, jloob' ick, deß es *mehr* is, als hier jepfiffen wird. Ick jloobe, der Majistraat hat sich verpfiffen, hat er sich. Die Magisträte un die Obrigkeiter un die Rejierer haben des oft an sich, deß sie *nach*jehen un stillstehen, wenn man sie nich immer jehörig ufzieht. *(steht still)* Die Zeit eilt. *(er gähnt)* Die Stunden fliehen. Wenn ick man wüßte *vor wem?* Vor uns? Wir haben ihnen ja jar nischt jedhan! Ach ja so, nu weeß ick, vor wem die Stunden fliehen. Vor de Rentiers un de Vornehmen un de Leutnams. Die schlagen de Zeit *dodt*, det sind Helden, aber die Zeit, die Stunden sind feige, un darum kratzen se aus. Wenn die Morjenstunde alleene flöhe, denn könnt' ick mir det noch anders erklären, denn die hat Jold im Munde, det is ne

Capitalistin, wenn die jetzt hier in det bewegte Berlin Pech gibbt, det is keen Wunder. Aber ... ick merke überjens, deß sich meine Jedanken verwirren. Wenn ick man blos Ein Jlas Punsch hätte, denn ... *(zu einem vorübergehenden Herrn) stille! jetzt sprech' ick!* ... *(wieder ruhig fortfahrend)* ... denn würd' ick mir wieder sammeln, würd' ick mir. *(Zu einem andern Herrn)* Hör'n Se mal, deutscher Bruder, haben Sie nich zufällig ein Jlas Punsch bei sich, womit Sie mir unter die Ärme jreifen könnten? Wo?

DER HERR *(lächelnd)*. Nein, deutscher Bruder. Aber wenn Sie mich mal besuchen wollen, will ich Ihnen eine ganze Bowle vorsetzen.

FRISCHER. Wo sind Sie'n zu Hause, hm?

DER HERR. In Stuttgart. Gute Nacht! *(Geht weiter)*.

FRISCHER. Schlafen Se wohl, deutscher Bruder! *(für sich)* Des is ein sehr ein anständjer, bildungsfähijer, plausibler Mensch, der fremde Herr. Ick wollte man blos ein einzijes Jlas Punsch haben, un er biet't mir jleich eine janze Bowle an, wenn ich mal in seine Jejend komme. Des is *schön*! Des is deutsche Einigkeit, Brüderrüderlüderlichkeit! *Sehr* schön is es von ihm! *Dreifarbig* is es von ihm! *(nachdenkend)* Des einzige Störende dabei is, deß er in Stuttjart lojirt und deß er verjessen hat, mir seinen Namen un Charakter zu sagen. Indessen es bleibt immer liberal von ihm; er hat jejen mir als *Nation* gehandelt, *frankfurtsch am Mainsch*, nich würtembergsch oder stuttgartsch, nich jeswietsch, nich sonderbündlersch, un des macht ihm alle Ehre. Davor soll er meine *Stimme* haben, soll er! *(Pause)* Wenn ick wieder als *Ur*wähler auftrete. Denn schreib' ick uf den Zettel: der fremde Herr mit de Bowle Punsch aus Stuttjart. *(steht still und schreit)* Deutsche Brüder wir wollen einig sind! *(läßt den Kopf auf die Brust fallen und spricht sehr gemütlich)* Ich bin einig mit mir, also seid auch einig mit Euch. Ich liebe mir, also liebt mir ooch. *(energisch auftretend und schreiend)* Wo stehe ich hier? *(er turkelt und fällt hin)* Ach so! *(sich aufrappelnd)* Des is heute eine betäubende, strenge Winterluft. *(wieder sehr laut)* Deutsche Brüder, wo stehe ich hier, hm? In Berlin, in Preußen? *Jo nich!* In . . . *(mit furchtbarer Stimme) Deutschland* stehe ick!!! *(etwas gemäßigter)* Ick bin *ufjejangen*! Ick bin ein Deutscher, kennt Ihr meine Farben! Ick bin schwarz, ick bin roth, ick bin jold! *(nachdenkend)* Der letzte Kuleur is man sehr schwach bei mir, aber – des jehört hier nich *her*. Des sind keene *innere* Angelegenheiten, des is Finanzmysterjum. *(lauter)* Ick bin ein reener Deutscher, ein jroßer Vaterländer von'n – von'n – Sundzoll bis an de Appelsinen, von'n Rheinwein bis an de Knute. Allens Preuß'sche hab' ich mir abjepellt, hab' ich mir, un nanu – nanu könnt Ihr mir genießen. *(zu einem vorübergehenden Herrn) Stille,* wenn ick spreche! *(sich umdrehend)* Ick bin keene kranke Kartoffel, ick bin ein Berliner. Ein Berliner is *sehr jesund!* Sehr! Ich sage Euch, deutsche Nationer, ein Berliner is ein *sehr* jesunder Junge, is er! Kopp un Herz, un Herz un Kopp, un *Volk.* Von innen un außen *Volk*, sag' ick Euch: jeder Einzelne *Volk. (legt den Finger an die Nase)* Wißt Ihr, was des heeßt? *(schreiend) Rejierendes* Volk heeßt des! Ick bin Souvereen, bin ick! Ick habe mir Anno März die Krone ufjesetzt, un nanu *regier*' ick. Wart't mal, ich wer' mal jleich rejieren. *(er setzt sich sehr lang-*

sam auf eine steinere Treppe) So, des is mein Thron. Nanu stellt Euch mal Alle da hin, Nation. Wie heeß' ich'n nanu? Oberfaul! König Oberfaul von Jottes Jnaden der Erschte. Wie? Ne, wenn ick König Oberfaul bin, denn dhut Ihr am besten, Ihr setzt mir ab. *(schreiend) Stille, nich mitreden! (gemäßigter)* Ick könnte Euch zwar erscht noch en Paar kleene Jeschichten erzählen, Familienjeschichten, aber es wäre möglich, wäre es, daß sie Euch langweilten, un darum is es am besten, Ihr setzt mir gleich ab. *(steht auf)* So, nu bin ick abjesetzt, futsch. *(sieht sich fragend um)* Wie? Is Ihnen sonst noch was jefällig? *(sinnend)* Wat bin ich'n nanu vor'n König? Frischer? *(setzt sich)* Des is richtig. König Frischer von Jottes Jnaden der Erschte. Nanu bringt mir mal zuerst ein Hurrah. *(steht auf, schwingt seinen Hut und schreit)* Hurraaah, König Frischer der Erschte soll leben! *(setzt sich und denkt sehr lange nach)* Nanu, wat'n nanu? *(Pause)* Nanu meine Ziehvielliste. Hm? Ne! Ne, jo nich! Wat ick sagen wollte: wie so? Wie so, Ziehvielliste? Wißt'r was, ich habe mir Des überlegt. Ihr dhut am besten, Ihr setzt mir ooch als Frischer ab. Denn, seht mal, mir fällt es in diesen Oogenblicke nich ein, fällt es mir nich, womit ich Euch nützlich sein könnte. *(er legt seinen Kopf auf eine Stufe)* Sein könnte. Ich bin heute von den vielen Sylvesterdurscht ... *(sehr lange Pause)* ... des is ein *ausjezeichenter* Durscht, der Sylvesterdurscht! ... bin ich heute ... sehr ... schwach bei Jedanken. *(lange Pause)* Wenn villeicht Eener von Euch ... *(sich aufrichtend)* ... ein Jlas *Punsch* bei sich hätte, denn! *(legt sich wieder nieder, Pause)* Denn wäre es möglich ... was ich sagen wollte ... deß ich Euch den Rath jeben würde, mir abzusetzen. *(Pause)* Aber anjetzt, deutsche Na ... Nation, Frankfort am Mein, Na ... Nationalversammlung, Reisverweecher, ... wollt' ich sagen Reisverwejner, Ver*weser* ... Centner ... Centraljewalt ... nu schläfert mir. *(Pause.)* Jestern war Sylvestern, un heute is Bette, und darum leg' ick mir jetzt zu Neujahr. Proost Neujahr! *(halb im Traume)* Ich wünsche Euch Alle ... eine ... Centraljewalt ... ein Jlas Punsch ... Arbeit ... soziale Frage ... Zufriedenheit mit Hundertdausend Dhaler ... ein festes Leben un eine verjnügte Jesundheit ... Liebe ... un ... un ... un keine Pollezei. Proost Neujahr!

CONRAD FERDINAND MEYER

Neujahrsglocken

In den Lüften schwellendes Gedröhne,
Leicht wie Halme beugt der Wind die Töne:

Leis verhallen, die zum ersten riefen,
Neu Geläute hebt sich aus den Tiefen.

Große Heere, nicht ein einzler Rufer!
Wohllaut flutet ohne Strand und Ufer.

FRIEDRICH HEBBEL

Abentheuer am Neujahrs-Abend

Mein Liebchen wollt' ich auf mein Zimmer führen,
Und brach, zu eilig, meinen Schlüssel ab;
Verdrießlich standen wir vor festen Thüren,
Mein schüchtern Liebchen flog die Trepp' herab.
In Schnee und Wind schlich ich denn auch von hinnen,
Der Dom, erleuchtet, hemmte meinen Schritt;
Um wenigstens den Himmel zu gewinnen,
Ging ich hinein und sang ein Danklied mit!

EDUARD MÖRIKE

Zum Neujahr

Mit einem Taschenkalender

An tausend Wünsche, federleicht,
Wird sich kein Gott noch Engel kehren,
Ja, wenn es so viel Flüche wären,
Dem Teufel wären sie zu seicht.
Doch wenn ein Freund in Lieb und Treu'
Dem andern den Kalender segnet,
So steht ein guter Geist dabei.
Du denkst an mich, was Liebes dir begegnet,
Ob dir's auch ohne das beschieden sei.

An Franziska und Elisabeth Nietzsche [Bonn, Ende Dezember 1864]

Liebe Mama und Lisbeth, gar zu gern möchte ich Euch einen Neujahrswunsch in Versen zuschicken, da ich Eure Vorliebe dafür kenne, aber es geht halt nimmer! Sei es nun, daß meine Ansprüche an ein Gedicht sehr gestiegen sind, sei es daß ich um einige Prozent nüchterner und – praktischer geworden bin, was gar nicht schaden könnte, – sei es endlich, daß die diabolischen Zahnschmerzen, die mich quälen, mir jede Begeisterung verjagen, fest steht, daß Verse mir heute nicht glücken. Darum wird notgedrungen Prosa antreten müssen. Dies zur Erklärung der Form meines Briefs.
Ich liebe die Silvesternächte und die Geburtstage. Denn sie geben uns Stunden, wie man sie sich freilich oft machen kann, aber nur zu selten sich macht, wo die Seele stillesteht und einen Abschnitt der eignen Entwicklung übersehen kann. In solchen Stunden werden entscheidende Vorsätze geboren. Ich pflege dann immer die Manuskripte und Briefe des verflossenen Jahres vorzunehmen und mir einige Notizen zu machen. Man ist für ein paar Stunden erhaben über die Zeit und tritt fast aus der eignen Entwicklung heraus. Man sichert und verbrieft sich die Vergangenheit und bekommt Mut und Entschlossenheit, wieder weiter seine Bahnen zu gehen. Es ist schön, wenn auf die Entschlüsse und Vorsätze der

Seele – gleichsam die erste junge Saat der Zukunft – die Wünsche und Segnungen der Verwandten wie ein milder Regen fallen. Man sollte daraus nur keine Zeremonie machen, keine offizielle Nötigung. Denn wenn schon ein pflichtmäßiger Dank mich unmutig machen kann, wie viel mehr ein pflichtmäßiger Wunsch! Wo man überzeugt sein kann, daß die Seelen gegenseitig innigst zusammenstimmen, da wird der in Worte gefaßte Wunsch zu einer Höflichkeit. Und Höflichkeit geziemt sich für die Gesellschaft, aber nicht für verschlungene Seelen.

Erspart es mir deshalb, die gewöhnliche Formel von Gesundheit, Glück usw. in einer mehr oder weniger neuen Weise auszusprechen. Daß wir uns lieb haben, sehr lieb haben, meine liebe Mama und Lisbeth, das muß uns genügen. Sagt das auch den lieben Tanten. Es ist mir unmöglich zu schreiben.

Nun erzähle ich Euch, was ich erlebt habe. Eigentlich wenig. Ich bin sehr viel zu Hause gewesen und habe mich am Manfred erfreut. Am dritten Feiertag war ich in der Oper und hörte den Freischütz, der mir im ganzen, ebenso wie der Oberon, mißfiel. Die Höllenschluchtszene machte auf mich einen lächerlichen Eindruck. Gestern besuchte ich Doktor Deiters, der mir viel Schumann vorspielte. Zum Neujahr werde ich, Gott sei Dank, nur eine Visite zu machen haben, zu Prof. Schaarschmidts. Die Silvesternacht werde ich zu Hause verleben, wenn anders mich meine Zahnschmerzen nicht verlassen. Diese sind aber gegenwärtig so stark, daß ich während des Schreibens alle Augenblicke haltmachen muß und nur mit der größten Mühe Euch nicht meine Verstimmtheit zeige. Das Zahnfleisch rechts an den letzten Zähnen ist entzündet, und irgendein Zahn hohl,

so daß der Nerv inkommodiert wird. Oder ich bekomme dahinten einen Weisheitszahn. Es wird auch nachgerade Zeit.
Abends ist jetzt gewöhnlich einer meiner Bekannten bei mir zum Besuch. Die schöne Stolle ist leider schon aufgegessen. Wie habt Ihr denn Euer Weihnachten verlebt? Ich erwarte sehnlichst den ersten Brief, mit dem, wie ich hoffe, zugleich das Geld für das nächste Quartal ankommt. Das erste Quartal hat mir *in summa* 130 Tl. gekostet. Davon fällt nun freilich eine stattliche Portion für die nächsten Vierteljahre fort, da die Gelder für Immatrikulation, Kollegien usw. bedeutend sind. Aber Du siehst, liebe Mama, daß ich mich in Bonn noch mehr einschränken muß. Länger als ein Jahr kann ich es des Geldpunktes halber hier nicht aushalten. Ich bin entschlossen, nachher nach Halle zu gehen und dort zu dienen. Mach Dir nur ja keine Sorgen, ich muß durchkommen. Über Geldsachen schreibe ich nur an den Onkel Bernhard. Aber ich wollte Dir nach dem ersten Quartale doch Nachricht geben. Ich führe übrigens genaue Rechnungen. Der durchschnittliche Wechsel in Bonn ist 500–600. Das ist nun alles nicht sehr schön, nicht wahr? Aber ich hätte schon einen besseren Schluß des Briefes machen können, wenn nur die Zahnschmerzen nicht wären. Das schöne Tuch behagt meinem Halse wohl, ebenso die Hosenträger meinem Buckel!

Euer Fritz

WILHELM BUSCH

Die Uhren

Ein Silvestercarmen
1876

Es ist Silvester. Eine schlichte Bowle,
Von kluger Hand bereitet, schmückt den Tisch. –
Man war bei Piepenbrinks. Herr Piepenbrink,
Frau Piepenbrink und deren Fritz und Julchen,
Welch letztre beiden heute auch noch auf,
Herr Küster Klöppel, treubewährt im Amte,
Apotheker Mickefett, den diese Gegend
Von wegen seiner Pillen höchlich pries –
Dies waren die Personen, welche hier
Zum frohen Jahresschlusse sich versammelt. –
Darüber ist man einig, punkto zwölf
Ein kräftig Prostneujahr sich zuzurufen,
Worauf getrost das Glas zu leeren sei.
»Nun aber«, spricht Herr Klöppel mit Bedacht,
»Nun aber ist die Frage: Welche Uhr
Soll diesen schönen Augenblick verkünden?«
»Die beste Uhr«, ruft Fritz ein wenig hastig,
»Von allen Uhren ist die Sonnenuhr.«
»Jawohl, mein Sohn!« erwidert Klöppel sanft,
»Die Sonne ist ein pünktlich Element,
Was mit der Dunkelnis von hinnen scheidet.
Insofern kommt sie hier nicht in Betracht.
Dagegen schlag ich unsre Turmuhr vor!«
Hier lächelt Mickefett verschmitzt und spricht:
»Die Geistlichkeit in Ehren! Doch man sagt,
Ein traulich später Trunk am Samstagabend

Wirkt zögernd auf die Sonntagmorgenglocke.«
Herr Klöppel schweigt; denn mild ist sein
Charakter. –
Nun zieht aus ihres Busens Vorderfalte
Frau Piepenbrink bescheidentlich die Uhr.
Doch Piepenbrink ruft gleich: »Ich bitte dich,
Laß doch die Uhr im Stall. Fast alle Monat
Muß ich das Dings da reparieren lassen.«
»Nun, nun«, spricht sie, »sei nur nicht gleich
so rauh!
I's doch für uns ein lieblich Angedenken
An jene Zeit, da du mir Treue schwurst.«
»Ahem!« macht Piepenbrink und schaut ins Glas.
»Ach!« seufzt das Julchen, »wie entzückend schön
Wär' doch so eine Dose, die so Stücke spielt.«
»Sehr wahr, mein liebes Kind!« entgegnet Klöppel.
»Bewundernwert ist solch ein Kunstgetriebe,
Und gern belauscht man seine Melodien;
Nur lehrt es uns vielmehr die Zeit vergessen,
Statt sie zu schätzen, wie's die Pflicht der Uhr.
Insofern kommt das hier nicht in Betracht.«
Jetzt wird der Fritz schon wieder laut: »Ja, aber
Beim reichen Schrepper die Pendüle, die . . .«
»Pst«, fällt ihm Mickefett sogleich ins Wort,
»Das ist'ne böse Uhr, die nur die Dauer
Des Wehs im Zeh bemißt, die Stunden schlägt,
Wo's Pulver einzunehmen, welche ewig
Eintönig raunt: klick, klack, die Aktien fallen. –
Da muß ich meine Taschenuhr hier loben
Sie ist von einem übersee'schen Paten . . .«
»Insofern«, meint Herr Klöppel . . . »Bitte sehr«,
Fährt jener fort, »sie ist durchaus von Gold.«
»Insofern«, meint Herr Klöppel ernst und kühl,
»Insofern kommt sie hier nicht in Betracht.«

»Und«, fährt Herr Mickefett gelassen fort,
»Und richtig geht sie. Diesen letzten Herbst
Bin ich mit Munkel, dem Kaplan in Straßburg.
Wir hatten gut gelebt; in jeder Hinsicht.
Das Geld war alle, und so wollten wir
Denselben Abend spät noch weitermachen.
Wir stehn so vor dem Münster. Salbungsvoll
Hub Munkel an und sprach: ›Geliebter Freund!
Im Angesichte dieses hohen Tempels
Ermahn' ich nochmals dringend dich, kehr' um!
Oh, kehre wieder in den weichen Schoß
Der heil'gen Mutter Kirche und vertraue
Dich ihrer altbewährten Führung an!‹
Ich ziehe meine Uhr und sage: ›Munkel,
Es ist ein Viertel zwölf; wir müssen eilen,
Wofern wir nicht den Zug verpassen wollen.‹
Indem so schlägt die Münsterglocke elf. –
›Du hörst es!‹ sagt er: ›Hat noch lange Zeit.‹
Na gut, wir bummeln endlich so lala
Zum Bahnhof. Richtig. Tüht! Dort saust er hin!
Freudlos wär' uns die Nacht vergangen, hätt' ich
Dem Herbergsvater nicht die Uhr gereicht.
Seitdem vertrau' ich keiner Kirchenglocke.
Und wenn die Engel selbst vom Turme bliesen,
Ich richte mich nach meiner Taschenuhr.« –
Nun aber nimmt Herr Piepenbrink das Wort:
»Ich lobe mir«, so spricht er, »jene alte,
Die dorten in der Ecke ticktack macht.
Pünktlich um sieben morgens weckt sie uns.
Um achte mahnt sie Fritzen an die Schule.
Zwölfmal mit freud'gem Klang allmittaglich
Ruft sie zu Tisch und jeder folgt ihr gern.
Getreulich zählt sie meiner lieben Frau
Beim Eierkochen die Minuten ab.

Was mich betrifft, so sorgt sie stets dafür,
Daß ich die Zeit des Klubs niemals verfehle.
Und ist die Ruhestunde dann erschienen,
Gewissenhaft um zehne schlägt sie zehn.
So machte sie's gar manches liebe Jahr,
Und keine Seele dachte was dabei,
Und keiner wußte, wie so gut sie war,
Bis daß sie eines Morgens stillestand.
Da wußte man's.« – »Ach Gott«, fiel Klöppel ein,
»So geht's mit mancher stillbescheidnen Treue.
Allein insofern . . .« Baum! Da tönt es ernst
Vom nahen Turme zwölf, und Prostneujahr!
Ruft jeder klangvoll ausgehöhlte Mund
Und leert das Glas. (Zuerst ist Klöppel fertig.)
Hierauf zieht Mutter Piepenbrink die Uhr
Bescheiden aus des Mieders warmer Spalte.
»Jetzt ist es zwölf auf meiner!« ruft sie froh;
Und wieder folgt ein kräftig Prostneujahr!
»Und jetzt nach meiner!« schreit Herr Mickefett,
Und nochmals schallt der festlichfrohe Gruß,
Und nochmals beugt sich jeder gern nach hinten,
Um so das neu gefüllte Glas zu leeren.
(Herr Mickefett tut's zweimal hinter'nander.)
Kaum ist's vollbracht, so fängt es in der alten
Höchst ehrenwerten Wand- und Ticktackuhr
Zu schnurren an und bemm! und also fort
Dröhnt sie des Jahres letzte Stunde her.
– »Hurra und Prostneujahr!« das klang mal schön.
Herr Klöppel hält den Ton noch lange aus. –
Fritz trank zu hastig; drum so muß er auch
Sehr heftig durch die Nase husten, welches
Mama und Julchen recht ins Lachen brachte.
Jedoch der biedre Vater Piepenbrink,
Der sanfte Klöppel, Mickefett, der schlaue,

Die tranken kreuzweis ew'ge Bruderschaft.
So war man froh nach ganz verschiednen Uhren,
Schlief selig dann in ganz verschiednen Betten,
(Der Vater und die Mutter ausgenommen)
Und ging des andern Tages, warm bekleidet,
Mit leichtem Schädelbrummen in die Messe.
(Herr Mickefett natürlich ausgenommen.
Der kramt in der Butike und bereitet,
Verdrießlich, doch mit Sorgfalt, einen Bittern.)

WILHELM BUSCH

Zum Neujahr
1876

Bald, so wird es zwölfe schlagen.
Prost Neujahr! wird mancher sagen;
Aber mancher ohne rrren!
Denn es gibt vergnügte Herren.
  Auch ich selbst, auf meinen Wunsch
  Mache mir ein wenig Punsch. –

Wie ich nun allhier so sitze
Bei des Ofens milder Hitze,
Angetan den Rock der Ruhe
Und die schön verzierten Schuhe,
Und entlocke meiner Pfeife
Langgedehnte Wolkenstreife;
Da spricht mancher wohl entschieden:
Dieser Mensch ist recht zufrieden!
Leider muß ich, dem entgegen,
Schüttelnd meinen Kopf bewegen. –
  Schweigend lüfte ich das Glas.
  (Ach, wie schön bekömmt mir das.) –

Sonsten, wie erfreulich war es,
Wenn man so am Schluß des Jahres,
Oder in des Jahres Mitten,
Zum bewußten Schrein geschritten
Und in süßem Traum verloren
Emsig den Coupon geschoren;
Aber itzo auf die Schere

Sickert eine Trauerzähre,
Während dem der Unterkiefer
Tiefer sinkt und immer tiefer. –
  Traurig leere ich das Glas.
  (Ach, wie schön bekömmt mir das.) –

Henriette, dieser Name
Füllt mich auch mit tiefem Grame.
Die ich einst in leichten Stoffen
Herzbeklemmend angetroffen
Nachts auf dem Kasinoballe;
Sie, die später auf dem Walle
Beim Ziewiet der Philomele
Meine unruhvolle Seele
Hochbeglückt und tiefbeseligt,
Sie ist anderweit verehlicht,
Ist im Standesamtsregister
Aufnotieret als Frau Pfister,
Und es wird davon gesprochen
Nächstens käme sie in Wochen. –
  Grollend lüfte ich das Glas.
  (Ach, wie schön bekömmt mir das.) –

Ganz besonders und vorzüglich
Macht es mich so mißvergnüglich,
Daß es mal nicht zu vermeiden,
Von hienieden abzuscheiden,
Daß die Denkungskraft entschwindet,
Daß man sich so tot befindet,
Und es sprechen dann die Braven:
Siehe da, er ist entschlafen;
Und sie ziehn gelind und lose
Aus der Weste oder Hose
Den geheimen Bund der Schlüssel,
und man rührt sich auch kein bissel,

Sondern ist, obschon vorhanden,
Friedlich lächelnd einverstanden. –
   Schaudernd leere ich das Glas.
   (Ach, wie schön bekömmt mir das.) –

Wo wird dann die Seele weilen?
Muß sie sich in Duft zerteilen?
Oder wird das alte Streben,
Hübsche Dinge zu erleben,
Sich in neue Form ergießen,
Um zu lieben, zu genießen,
Oder in Behindrungsfällen
Sehr zu knurren und zu bellen?
Kann man, frag ich angstbeklommen,
Da denn gar nicht hinter kommen?
Kommt, o kommt herbeigezogen,
Ihr verehrten Theologen,
Die ihr längst die ew'ge Sonne
Treu verspundet in der Tonne;
Überschüttet mich mit Klarheit! –
Doch vor allem hoff ich Wahrheit
Von dem hohen Philosophen;
Denn nur er, beim warmen Ofen,
Als der Pfiffigste von allen,
Fängt das Licht in Mäusefallen. –
   Prost Neujahr! – Und noch ein Glas.
   (Ei, wie schön bekömmt mir das!)

Uh! Mir wird so wohl und helle.
Himmel, Sterne, Meereswelle,
Weiße Möwen, goldne Schiffe;
Selig schwanken die Be–jiffe,
Und ich tauche in das Bette
Mit dem Seufzer: Hen–i–jette!

THEODOR FONTANE

Silvesternacht

Das Dorf ist still, still ist die Nacht,
Die Mutter schläft, die Tochter wacht,
Sie deckt den Tisch, sie deckt für zwei,
Und sehnt die Mitternacht herbei.

Wem gilt die Unruh? wem die Hast?
Wer ist der mitternächt'ge Gast?
Ob ihr sie fragt, sie kennt ihn nicht,
Sie weiß nur, was die Sage spricht.

Die spricht: Wenn wo ein Mädchen wacht
Um zwölf in der Silvesternacht,
Und wenn sie deckt den Tisch für zwei,
Gewahrt sie, wer ihr Künft'ger sei.

Und hätt' ihn nie gesehen die Maid,
Und wär' er hundert Meilen weit,
Er tritt herein und schickt sich an,
Und ißt und trinkt, und scheidet dann. –

Zwölf schlägt die Uhr, sie horcht erschreckt,
Sie wollt', ihr Tisch wär' ungedeckt;
Es überfällt sie Angst und Graun,
Sie will den Bräutigam nicht schaun.

Fort setzt der Zeiger seinen Lauf,
Niemand tritt ein, sie atmet auf,
Sie starrt nicht länger auf die Tür –
Herr Gott, da sitzt er neben ihr.

Sein Aug' ist glüh, blaß sein Gesicht,
Sie sah ihn all ihr Lebtag nicht,
Er blitzt sie an und schenket ein
Und spricht: »Heut nacht noch bist du mein.

Ich bin ein stürmischer Gesell',
Ich wähle rasch und freie schnell,
Ich bin der Bräut'gam, du die Braut,
Und bin der Priester, der uns traut.«

Er faßt sie um – ein einz'ger Schrei,
Die Mutter hört's und kommt herbei;
Zu spät, verschüttet liegt der Wein,
Tot ist die Tochter und – allein.

FRANK WEDEKIND

Silvester

Mein Fenster öffnet sich um Mitternacht,
Die Glocken dröhnen von den Türmen nieder,
Die Berge leuchten rings in Flammenpracht,
Und aus den dunklen Gassen hallen Lieder.
Will mir der Lärm, will mir der blut'ge Schein
Des nahen Völkerkriegs Erwachen deuten? –
Noch ist die Saat nicht reif. Die Glocken läuten
Dem neuen Jahr. – Wird es ein beßres sein?

Ein neues Jahr, in dem mit blassen Neid
Die Habsucht und die Niedertracht sich messen;
Ein neues Jahr, das nach Vernichtung schreit;
Ein neues Jahr, in dem die Welt vergessen,
Daß sie ein Altar dem lebend'gen Licht;
Ein neues Jahr, des dumpfe Truggewalten
Den Adlerflug des Geistes niederhalten;
Ein neues Jahr! – Ein beßres wird es nicht.

Von Goldgier triefend und von Gaunerei,
Die Weltgeschichte, einer feilen Dirne
Vergleichbar, kränzt mit Weinlaub sich die Stirne,
Und aus der Brust wälzt sich ihr Marktgeschrei:
Herbei, ihr Kinder jeglicher Nation;
An Unterhaltung ist bei mir nicht Mangel.
Im Internationalen Tingeltangel,
Geschminkt und frech, tanz ich mir selbst zum
Hohn!

Den heil'gen Ernst der menschlichen Geschicke
Wandl' ich zur Posse, daß ihr gellend lacht;
Den Freiheitsdurst'gen brech ich das Genicke,
Damit mein Tempel nicht zusammenkracht.
Ich bin der *Friede*, meine holden Blicke
Besel'gen euch in ew'ger Liebesnacht;
Wärmt euch an mir und schlaft bei meinem Liede
Sanft und behaglich ein; ich bin der Friede!

Drum segne denn auch für das künft'ge Jahr
Gott euren süßen Schlaf. Das Todesröcheln
Des Bruders auf der Freiheit Blutaltar
Verhallt, wenn meine fleisch'gen Lippen lächeln.
Nur wenn der eigne Geldsack in Gefahr,
Dann tanz ich mit den schellenlauten Knöcheln
Sofort Alarm, damit euch eure Schergen
Zu den geraubten neue Schätze bergen.

Warum schuf Gott den Erdball rund, warum
Schuf Kruppsche Eisenwerke er in Essen,
Als daß den Heiden wir mit Christentum
Und Schnaps das Gold aus den Geweiden pressen.
Ein halb Jahrtausend ist das nun schon Mode,
Doch sehr verfeinert hat sich die Methode:
Kauf oder stirb! Wer seines Goldes bar,
Den plagt dann ferner auch kein Missionar.

Ich bin der Friede, meine Schellen läuten,
Sobald des Menschen Herz sich neu belebt,
Und meine Füße, die den Tod bedeuten,
Zerstampfen, was nach Licht und Freiheit strebt.
Ich bin der Friede, und so wahr ich tanze
Auf Gräbern in elektrisch grellem Glanze,
Es fällt zum Opfer mir das künft'ge Jahr,
Wie das geschiedne mir verfallen war! –

So sang die Göttin. Aber Gott sei Dank,
Noch eh sie dirnenhaft von hinnen knickste,
Gewahrt' ich, daß die üpp'ge Diva krank
Und alt, so rot sie sich die Wangen wichste,
Daß schon der Tod ihr selbst die Brust gehöhlt;
Und tausend Bronchien rasselten im Chore:
Der rote Saft sprengt dieses Leichnams Tore,
Eh er noch einmal seine Jahre zählt.

Dann wurden unterird'sche Stimmen laut:
Der Mensch sei nicht zum Knecht vor goldnen
Stufen,
Es sei zum Herrscher nicht der Mensch berufen,
Der Mensch sei nur dem Menschen angetraut.
Ein dumpfes Zittern, wie aus Katakomben,
Erschütterte den Boden. Alsogleich
Ward jeden Gastes Antlitz kreidebleich:
Bewahr uns Gott vor Anarchie und Bomben!

Ich aber denke: Eh ein Jahr vergeht,
Vergeht die Kirchhofsruhe. Böse Zeichen
Verkünden einen Krieg, der seinesgleichen
Noch nicht gehabt, solang die Erde steht.
Noch ist die Saat nicht reif, doch wird sie reifen,
Und Habgier gegen Habgier greift zum Schwert;
Es wird der Bruder, seines Bruders wert,
Dem Bruder mörd'risch nach der Kehle greifen. –

Die Glocken sind verhallt, verglommen sind
Die Feuerbrände und verstummt die Lieder;
Die alte, ew'ge, blinde Nacht liegt wieder,
Wie sie nur je auf Erden lag, so blind;
Und doch hängt das Geschick an einem Haar

Und läßt sich doch vom Klügsten nicht ergründen.
Wie werden diese Welt wir wiederfinden,
Wenn wir sie wiederfinden, *übers Jahr?*

Hermann

ARTHUR SCHNITZLER

Sylvesternacht

Ein Dialog

Das geräumige Speisezimmer der Familie, in dem eben ein Souper zu vierundzwanzig Gedecken stattgefunden hat. Gläser mit Champagner, andere mit rotem und weißem Wein halbgefüllt, stehen auf dem Tisch. Die Sessel in Unordnung. ZWEI KELLNER, *die für den heutigen Abend gemietet worden sind, verschwinden durch die Ausgangstür. Eine andere Tür, die in den Salon führt, ist angelehnt. Gewirr von Stimmen dringt herein. Zwei Fenster sind geschlossen, das dritte steht weit offen.* FRAU AGATHE, *die ganz allein ist, blickt hinaus; der Schnee fällt dicht und lau; zahlreiche erleuchtete Fenster gegenüber. Unten fährt ein Wagen vorbei wie über einen Teppich. Stimmen tönen gedämpft herauf.* DER SOHN *des Hauses, jung und blond, kommt aus dem Salon und will das Speisezimmer passieren; da erblickt er Agathe und wendet sich zu ihr.*

EMIL Haben Sie nicht Angst, sich zu verkühlen, gnädige Frau?

AGATHE O nein; es ist ja ganz mild.

EMIL *(eine Hand zum Fenster hinaushaltend)* Merkwürdig – der Schnee ist beinah' warm. Der Frühling muß schon in der Nähe sein. Im übrigen, glückliches neues Jahr.

AGATHE Danke, gleichfalls. Sagen Sie mir, was wird denn jetzt eigentlich geschehen?

EMIL Inwiefern?

AGATHE Nun, es wird doch auf irgend eine Weise für die Unterhaltung gesorgt werden.

EMIL Selbstverständlich. Ich weiß allerdings nicht ... aber die Stimmung ist ja schon durch den bedeutenden Augenblick gehoben. Bedenken Sie: ein neues Jahr beginnt.

AGATHE Freilich.

EMIL Wahrscheinlich wird man tanzen.

AGATHE Haben Sie einen Klavierspieler?

EMIL Fritz wird spielen – jedenfalls.

AGATHE Ihr Cousin?

EMIL Ja. Wir sind ja ganz unter uns: es ist nichts als ein erweiterter Familienkreis. Glauben Sie denn, gnädige Frau, Sie wären heute bei uns geladen, wenn nicht Ihr Gemahl der Cousin von Mama wäre?

AGATHE Ach ja.

EMIL In unserem Haus hält man noch an der schönen Sitte fest, daß an solchen Abenden nur die Menschen zusammenkommen, die auch zusammengehören, die durch die Bande der Verwandtschaft miteinander verknüpft sind. Na ja, darum unterhält man sich auch so gut, daher die festliche und gerührte Stimmung. Haben Sie das gar nicht bemerkt?

AGATHE Gewiß. Auch hab' ich die Sitzordung so sinnig gefunden: Ehepaare zusammen, Kinder neben den Eltern ...

EMIL Ja. –

AGATHE Und was sollen die Leute tun, die nicht tanzen?

EMIL Nun, die Herren werden Karten spielen; Ihr Mann, Papa und Herr Friedmann haben bereits angefangen. *(Klavierspiel im Nebenzimmer)* Hören Sie, Fritz hat sich schon an den Flügel gesetzt.

AGATHE Darauf wird man schwerlich tanzen können.

EMIL O, er fängt immer mit Tristan und Isolde an, aber es wird immer wieder die Fledermaus. Darf ich Sie nicht hineinführen, gnädige Frau?

AGATHE Es hat Zeit; ich tanze nicht mehr.

EMIL O, gnädige Frau!

AGATHE Bitte, bemühen Sie sich nicht. Ich bin sechzehn Jahre verheiratet. Wenn Sie mir vielleicht mein Cape reichen wollten? Dort über der Lehne hängt es.

EMIL Hier, gnädige Frau.

AGATHE Danke. So – ich bleibe noch ein bißchen am Fenster; es ist so wunderschön. Aber stören Sie sich nicht um meinetwillen, ich bitte sehr. Sie wollten wahrscheinlich fortgehen.

EMIL O nein.

AGATHE Sie sind gewiß noch irgendwo eingeladen und werden wohl noch Ihre besondere Sylvesterfeier haben, in der richtigen Gesellschaft.

EMIL Das wäre nicht unmöglich . . . aber geladen bin ich nicht, wirklich nicht. Ich wollte nur in mein Zimmer gehen; denn in meinem Zimmer hab' ich ein Rendezvous.

AGATHE O! was für Zustände in diesem anständigen Bürgerhause!

EMIL Das anständige Bürgerhaus braucht sich nicht zu schämen; ich habe Rendezvous mit einer Unsichtbaren.

AGATHE Sehr interessant!

EMIL Hören Sie?

AGATHE Was denn?

EMIL Wie sich der König Marke allmählich in den Rentier Gabriel Eisenstein verwandelt hat. *(Trällert mit)* »O je, o je, wie rührt mich dies ...«

AGATHE Also was ist das für ein geheimnisvolles Rendezvous?

EMIL Das verhält sich folgendermaßen: ich bin hier, wie Sie bemerken, und sie –

AGATHE Die Unsichtbare ...

EMIL Ja, die Unsichtbare ist in diesem Augenblick auch irgendwo, wo sie nicht hingehört oder wo sie nicht sein will, ebenso –

AGATHE Ebenso wie Sie. Das ist nicht sehr liebenswürdig, aber es ist wahr. Nun weiter. Wo Sie sind, weiß ich – aber die Unsichtbare ...

EMIL Lassen wir das dahingestellt; vielleicht auch im Kreise ihrer Familie, vielleicht in einem andern Kreis – kurz, wir können zusammen nicht kommen, der Champagner ist viel zu tief.

AGATHE Ich bin gegen Witze.

EMIL Entschuldigen Sie, gnädige Frau. – Nun, und da haben wir uns einfach *(zum Himmel weisend)* da droben ein Rendezvous gegeben.

AGATHE Wo?

EMIL Bei den Sternen.

AGATHE Süß!

EMIL So haben wir uns verabredet: wenn der Festesjubel aufs Höchste gestiegen – hören Sie? *(trällert wieder mit)* »Die Majestät wird anerkannt ...« Also, wenn der Jubel aufs Höchste gestiegen ist, wie zum Beispiel jetzt in diesem anständigen Bürgerhause, ziehen wir uns beide auf wenige Minuten zurück und treten beide einsam an ein Fenster –

AGATHE Ich wünsche Ihnen von Herzen, daß die

Einsamkeit der Unsichtbaren ehrlicher sei als die Ihre . . .

EMIL Ich wage es zu hoffen – treten ans Fenster, schauen den großen Bären an – sehen Sie, dort ist er – und träumen voneinander, so lebhaft als nur möglich. Ja, das ist unser Rendezvous in der Sylvesternacht. Darum wollte ich eben in mein Zimmer gehen. Aber von hier aus sieht man den großen Bären gleichfalls, und nichts hindert mich, zu träumen – es sei denn, daß Sie so freundlich sein wollten, gnädige Frau.

AGATHE Nichts liegt mir ferner. Träumen Sie.

Auf der Straße gehen Leute; Gruppen begegnen einander, gedämpfte Rufe: »Prosit Neujahr!«, Lachen, Versuche, zu singen; dann wieder Stille. – Agathe und Emil schweigen.

AGATHE Ausgeträumt?

EMIL Ja.

AGATHE Nun erlauben Sie mir vielleicht, Ihnen zu sagen, daß Sie mir nicht im geringsten imponieren.

EMIL Nun ja, ich habe auch niemals den Ehrgeiz gehabt . . . aber trotzdem, wie meinen Sie das?

AGATHE Warum sind Sie denn nicht bei ihr?

EMIL Gnädige Frau, das ist eben unmöglich, die Verhältnisse liegen nun einmal so.

AGATHE Und ich sage Ihnen, Sie lieben die Unsichtbare nicht, sonst wäre es nicht unmöglich.

EMIL Aber gnädige Frau, ich versichere Ihnen . . . wenn Sie ahnten, wo sie jetzt ist –

AGATHE Das ist ganz gleichgültig; keineswegs ist sie in Ketten geschmiedet und Sie sind es auch nicht.

EMIL Aber es gibt auch Ketten, die –

AGATHE Nein.

EMIL Wenn Sie wüßten, wo sie ist!

AGATHE Warum geht sie nicht fort? Warum gehen Sie nicht hin? Verkleidet, wenn es nicht anders möglich ist – als Kellner – als Irrsinniger – Warum holen Sie sie nicht?

EMIL Ich weiß gar nicht, was ich Ihnen antworten soll.

AGATHE Allerdings ist es gefahrloser, sich auf dem großen Bären ein Rendezvous zu geben.

EMIL Gnädige Frau, es ist eigentlich komisch, daß ich mich bei Ihnen entschuldigen muß – aber schauen Sie, man kann doch nicht wegen einer Viertelstunde – wegen eines Augenblicks soviel – alles – riskieren.

AGATHE Das ist eben der Irrtum. Wenn ich Ihnen erzählen würde, was einmal eine meiner Freundinnen wegen einer solchen Minute oder Stunde gewagt hat ...

EMIL Bitte, erzählen Sie, vielleicht kann ich was lernen.

AGATHE Ich versichere Ihnen, daß es mir darauf nicht ankommt. *(Sie schweigt ...)*

EMIL Ich bitte Sie!

AGATHE Was denn?

EMIL Die Geschichte Ihrer Freundin.

AGATHE Es war offenbar eine Nacht wie heute, es war sogar Sylvesternacht, das weiß ich. Meine Freundin –

EMIL Sie ist längst tot.

AGATHE Selbstverständlich. Aber damals lebte sie und war verheiratet.

EMIL Und hatte sieben Kinder.

AGATHE Was fällt Ihnen ein?

EMIL Ich sage das, um meinen Verdacht abzulenken.

AGATHE Sie hatte kein Kind – zu jener Zeit kaum einen Gatten. Aber sie waren nun einmal ein Paar, und so gaben sie gemeinschaftlich ein Fest, so eine Art Familienfest, wie heute in diesem Hause – ja. Aber er, der, den sie liebte, war nicht geladen.

EMIL Er gehörte eben nicht zur Familie.

AGATHE Niemand kannte ihn. Der Gatte und er hatten sich nie gesehen. Aber meine Freundin wollte mit ihm zusammen sein, gerade in dieser Sylvesternacht – und er mit ihr; denn sie liebten einander, und da es nun einmal ein Fest war, wollten sie es zusammen feiern. Und sie taten es auch.

EMIL Ja – aber wie?

AGATHE Auf die einfachste Weise von der Welt. Er wartete im Wagen, nicht weit vom Haustor, von Mitternacht an, und meine Freundin verließ das Haus, ihre Wohnung, ihre Gäste, ihren Mann, während man tanzte, spielte, trank.

EMIL Wie? Wie konnte sie das tun?

AGATHE Wie man alles kann –: indem man es tut. Sie eilte zu dem Wagen, in dem er wartete, und stieg ein.

EMIL Unglaublich! Und dann?

AGATHE Dann fuhren sie zusammen in den Prater. Es . . . muß wunderschön gewesen sein. Ein Nacht etwa wie heute, Schnee, überall Schnee und alles still vor lauter Schnee. Und unten in der großen Allee sind sie wahrscheinlich ausgestiegen und Arm in Arm spazieren gegangen und waren . . . wahrscheinlich glücklicher als man es auf irgend einem Sternbild sein kann. Und eine Stunde, nachdem sie fortgegangen, war die Frau wieder daheim unter ihren Gästen.

EMIL Ohne daß es jemand gemerkt hätte?

AGATHE Das will ich eben nicht sagen; vielleicht war ihre Abwesenheit dem Einen oder dem Andern aufgefallen – aber da sie nun doch zurückkam ...

EMIL Ja – sie kam zurück – und doch –

AGATHE Es hätte schlimm ausgehen können, meinen Sie?

EMIL Ja, das mein' ich allerdings. – Wenn der Gatte der Sache nachgeforscht – wenn er entdeckt hätte ...

AGATHE Ja – dann wäre es eben mißglückt. Er hätte sie davongejagt.

EMIL Ah! was für ein Mut! Was hat Ihre Freundin nicht alles aufs Spiel gesetzt!

AGATHE Ja, wenn man nichts aufs Spiel setzen will ...

EMIL Schade, schade ...

AGATHE Was?

EMIL Daß Ihre Freundin tot ist. Ich hätte eine solche Frau einmal sehen mögen; ich habe nicht geglaubt, daß es solche Frauen überhaupt gibt. Sie sind alle so bequem, so feig!

AGATHE Beinah' wie die Männer.

EMIL Ihre Geschichte hat mich sehr ergriffen, gnädige Frau – ja ... Sie sind gewiß nur deshalb hieher gekommen und sind am Fenster stehen geblieben, um sich an diese Freundin und an ihr sonderbares Abenteuer erinnern zu können.

AGATHE Nein. Wenn ich die Wahrheit sagen soll, ich hatte sie schon lang vergessen. Ich stehe hier am Fenster nur, weil die Luft mir wohltut. Und dann – da ich weder tanze, noch Karten spiele. –

EMIL Jedenfalls steht es fest: Auch sie feiern Ihren

Sylvesterabend nicht an dem rechten Ort. Auch Sie sind nicht – wo Sie eigentlich sein möchten –

AGATHE *(lachend)* Was fällt Ihnen denn ein!

EMIL Und ich sage noch mehr: Sie wären mit ihm, wenn er nicht sehr fern wäre!

AGATHE Er? Welcher Er?

EMIL Er, mit dem Sie in dieser festlichen Stunde am liebsten zusammen sein möchten.

AGATHE Sehr fern?... da drin sitzt er und spielt Whist mit Ihrem Papa und Herrn Friedmann.

EMIL Wieso? Entschuldigen Sie... das ist ja Ihr Mann.

AGATHE Natürlich.

EMIL Aber –!

AGATHE Nun ja; er ist's, mit dem ich Sylvester feiern möchte – und er spielt Whist mit Ihrem Papa und Herrn Friedmann. Übrigens wäre er nicht sehr geschmeichelt, wenn er jetzt Ihr Gesicht sähe. Ich bin nicht so romantisch, wie Sie glauben – und wie meine tote Freundin war.

EMIL O gnädige Frau, ich durchschaue Sie ja. Das ist einfach ein ehrenvoller Rückzug, nichts anderes.

AGATHE Sie irren sich sehr. Ich versichere Ihnen, daß es keinen Menschen auf der Welt gibt, der mir näher steht, als mein Mann – ja. Sehen Sie mich nicht so dumm an. Es ist nun einmal so. Ich sage Ihnen, wenn zwei Menschen nur überhaupt zusammen bleiben, so kommt immer eine Zeit, wo sie einander wieder finden. Und man verzeiht einander sehr viel, hauptsächlich weil es gar nichts Unverzeihliches gibt, wenn es nur vorbei ist.

EMIL Nun – warum sind Sie dann eigentlich so melancholisch am Fenster gestanden? Sie werden Ihr Fest eben um zwei Stunden später feiern, das ist alles. Denn in zwei Stunden fahren Sie mit Ihrem Mann nach Hause. Ich hingegen bin und bleibe allein.

AGATHE Und doch ist Ihre Sylvesterfeier die schönere. Denn bei jedem Fest kommt es auf das Morgen an. Und darum gibt es nur Feste, so lang man auch morgen noch jung ist.

EMIL Gnädige Frau, reden Sie doch nicht so – man kann Ihnen wirklich gar nicht zuhören. Sie reden vom Altwerden! Sie wissen ja gar nicht, wie jung Sie sind. Während Sie die Geschichte Ihrer verstorbenen Freundin erzählten – o gnädige Frau...

AGATHE *(auf den Himmel weisend)* Sie vergessen –

EMIL Nein, gnädige Frau; wenn Sie vom Alter reden, das ist wirklich...

AGATHE Koketterie – natürlich. Ja, ich weiß schon, wenn ich wollte –! o gewiß, es kostete mich nicht viel Mühe, einen jungen Mann vom großen Bären herunterzuholen – vielleicht nur ein Wort.

EMIL Ja, nur ein Wort, nur einen Blick. Diesen zum Beispiel. – Warum gestehen Sie mir's denn nicht ein, gnädige Frau? Sie sind es, Sie waren es, die in einer Nacht wie heute mit ihrem Geliebten durch den Schnee fuhr, während zuhause die Leute tanzten und Karten spielten. Und während Sie die Geschichte erzählt haben, glühten Ihre Augen in der Erinnerung jener Nacht.

AGATHE Sie irren Sich ganz gewiß. Im übrigen ist das ganz gleichgültig – ob eigene oder fremde Vergangenheit, es ist fern.

EMIL Aber es kann wiederkommen.

AGATHE Was fällt Ihnen ein. Nichts kommt wieder.

EMIL Aber Neues kommt. Wie sagten Sie, gnädige Frau? Bei jedem Fest kommt es auf das Morgen an.

So könnte das das schönste sein, das ich je erlebt habe.

AGATHE Aber!

EMIL *(faßt ihre Hand)* Sie wissen ja nicht, wie schön Sie sind! O glauben Sie mir! Wenn man von einem Wesen Ihrer Art geliebt würde, da wär' es wohl der Mühe wert, alles aufs Spiel zu setzen.

AGATHE Glauben Sie?

EMIL Ich weiß es, ich fühle es!

Sie sind nah nebeneinander; ihre Lippen begegnen sich, wie zufällig. – In diesem Moment hört das Klavierspiel im Nebenzimmer auf; Emil sieht besorgt nach der Tür.

AGATHE Nein, es hat's niemand gesehen.

EMIL *verlegen* O –

AGATHE Im übrigen – wir könnten beschwören, daß es gar nichts zu bedeuten hatte.

EMIL Nun ja . . . gnädige Frau . . . *(er will wieder ihre Hand fassen.)*

AGATHE *(sie ihm leicht entziehend)* Oder bilden Sie sich am Ende ein, daß Sie es waren, den ich geküßt habe?

Sie tritt vom Fenster weg, geht zur Türe, und ohne sich noch einmal umzuwenden, tritt sie in den Salon.

GERRIT ENGELKE

Sylvester-Abend

Er stand mit andern um die Feier-Tafel,
Der Glühwein dampfte, rings Geschwafel – –
Da schlägt die große Glocke in die Nacht
Zwölf ungeheure Töne:
Das neue Jahr ist aufgewacht!
Geschrei bricht los, Kanonenschlag-Gedröhne.
Allstimmig, über angestoßnen Gläsern Punsch,
Braust im Saal der Wunsch:
Viel Glück im neuen Jahr!

Da steht, vom Kronenlichte abgewandt,
Der Eine an dem offnen Fenster, –
Das volle Glas in schwerer Hand –
Er sieht die Lärmer draußen tanzen wie Ge-
spenster –
Da spricht er lächelnd, mild,
Wie jemand, der sich Glück erwählt:
Ich wünsche mir, daß mich dein wehes Bild,
Verlorene Geliebte,
Im neuen Jahre weiter quält –

MAX DAUTHENDEY

Silvester 1914

Neunzehnhundervierzehn, hast ausgekämpft,
Sie nennen dich laut, mancher gedämpft.
Manchem drückst du die Kehle eng.
Blutiges Jahr, wie warst du so streng!

Kinder, die einst zur Schule gehn,
Werden dich groß im Geschichtsbuche sehn.
Greise, die nachmals die »Vierzehn« nennen,
Werden dich blitzenden Auges noch kennen.

Ward je ein Jahr in die Erde begraben,
Wie du, Jahr voll schwarzer, gemästeter Raben!
Lachte eines so herrlich den Kühnen,
Wie du, dem noch winters die Lorbeeren grünen!

Drückst der »Fünfzehn« den fressenden Brand
Wild zum Willkomm in die Jugendhand.
Salven krachen zum letzten Gruß.
Tod mäht weiter beim Jahresschluß.

ELSE LASKER-SCHÜLER

Letzter Abend im Jahr

Es ist so dunkel heut,
Man kann kaum in den Abend sehen.
Ein Lichtchen loht,
Verspieltes Himmelchen spielt Abendrot
Und weigert sich, in seine Seligkeit zu gehen.
– So alt wird jedes Jahr die Zeit –
Und die vorangegangene verwandelte der Tod.

Mein Herz blieb ganz für sich
Und fand auf Erden keinen Trost.
Und bin ich auch des Mondes Ebenich,
Geleitetest auch du im vorigen Leben mich,
Und sah ich auch den blausten Himmel in
Gottost.

Es ruhen Rand an Rand einträchtig Land und
Seeen,
– Das Weltall spaltet sich doch nicht –,
O Gott, wie kann der Mensch verstehen,
Warum der Mensch haltlos vom Menschtum
bricht,
Sich wieder sammeln muß in höheren
Geschehen.

ERNST BLOCH

Landschaft um Silvester und Neujahr

Es macht sonst heiter, von unserer Frühe zu sprechen. Das merken Freunde, wenn sie sich an ihren jungen Tag erinnern, an Lehrer, die nicht mehr sind. Haben sie sich lange nicht gesehen, so können sie auf diese Weise wieder miteinander anfangen zu leben, man reist gemeinsam zurück. Dorthin, wo sich erinnert, was am Weg oft kaum erst dämmerte. Das kann gemütlich und bald schal, kann auch echt sein, die Stoffe geben etwas aus.

Was sie geben, war dann von vornherein schon wie Leben für später. Der graue Morgen, wenn man zur Schule ging, der nüchterne Mittag, der ermüdete Abend, wenn man sie verließ. Die Angst der Sache erreicht einen nicht mehr, sie ist zu den Freuden gestoßen und oft kaum von ihnen unterscheidbar. Die Angst ist nur noch im Traum, dort greifen ihre Bilder noch an Ort und Stelle nach uns. In der wachen Erinnerung, vor allem der gemeinsamen, ist das Böse fast gepreßt und ausgetrocknet, liegt neben dem Guten so unschädlich und interessant wie Giftpflanzen neben heilenden in den Blättern. Reise in die Jugend hat ihre Fälschungen, sie gibt erst recht freilich Spielzeug für Erwachsene, Weihnachtsbücher aus dem eigenen Leben.

Fährt man aber weiter hinaus, so wirken diese Anfänge nicht nur als fröhlich. Vom eigenen Leben ist dann nicht die Rede, wohl aber von dem draußen dämmernden, auch streunenden, dem man in der Jugend und durch sie nicht eingebunden, sondern offen begegnet. Genau um Weihnacht läßt sich in diese Gegend kommen, und zwar buchstäblich, nämlich in die Landschaft dieser Tage selber. Dann entsteht nicht bloß persönliche Erinnerung, vielmehr mit ihr und durch sie erscheint das, was mitten im Schulwegdämmer, am Zeigerstand der Turmuhr dreiviertel Stund vor Tag Leben für später ansetzte, objekthaft an Ort und Stelle. Erscheint vorzüglich in der Landschaft des Silvester, wo die Natur selber wie das finstere Gebälk einer Turmuhr wird, mit neu anzuhebender Zeit. Kaum vom Fleck der verlassenen Jugend wegbewegt, läuft mitten in der Weihnachtszeit, erst recht am Altjahrsabend ein Stück Frühnatur, unerhellter Dämmernatur im Glockenstuhl der Welt. Das Leben, zu welchem solch Datum ein Schlüssel wird, dieses Leben aber ist, als in wirkliche Anfänge versenkt, nicht fröhlich, sondern betroffen, betreffend, uns in der verstecktesten Freude betreffend, und zwar so wie in späteren Lebensjahren und Jahreszeiten keines mehr. Das Thema ist nicht Weihnacht, sondern Silvester, und hier ist kein bloßes Vakuum eines gläubigen *Festes* gekommen, wie das mit Weihnacht, auch Ostern und Pfingsten heute oft der Fall ist. Sondern Silvester war immer eine merkwürdige, christlich unbetonte, vom Weihnachtsfest der aufsteigenden Sonne ersetzte und doch unersetzte Zeit, der ein Vakuum in der *Jahreszeit* selber entsprach, ja im höchst unerloschenen, allen Menschen merkbaren Chok des *Naturgangs*. Gerade im Hohlraum unserer heutigen Tage, der keinen müßigen Hauch, kein verlogenes Fest mehr erlaubt, ist nicht minder ein Sprung von Zusammenhängen und Gewordenheiten; und dieser kann so gebärend sein, daß kein Hauch müßig bleibt, kein Gedicht ganz einsam, kein Gedanke skurril, der seine Betroffenheit ausdrückt, als welche gerade von Ursprungs-Gestalten des noch Ungewordenen herkommt und daher auch am *Silvestereinbruch der nackten Zeit in den gewordenen Raum* ein zentrales Bild ihrer selbst, im Rahmen der Natur, hat. Ganz gleichgültig ist hierbei, daß der 31. Dezember nachdatiert ist, statt daß Neujahr, astronomisch richtig, zehn Tage früher begänne. Läuten die Glocken des Umschlags später als sie angezogen wurden, so kommt es hier auf die entstandene Qualität der Sache und ihres Brauchs an, nicht auf die mechanische Auslösung. Also spürt der Bewohner der erwachsenen und künstlichen Stadt in diesen Tagen, mitgenommen, an Anfänge gefahren worden zu sein. Das Volk knallt, wenn auch gegen niemand, auf der Straße, die Familien trinken sich Zukunft, immerhin Zukunft, und die Glocken läuten mit der neuen Jahreszahl einen deutlichen Umschwung des Lichts an. Ums Jahresende gibt es Kalendermenschen, auch wenn sie es das Jahr über nur ungefähr oder somatisch waren; sind die Christbäume den meisten tot, so die Silvesterglocken nicht, welche außer der eines Wunschtraums keine Religion haben, also auch mit keiner entzaubert werden konnten. Im Gebälk dieser Landschaft steht die Zeit einen Augenblick auf der Waage; eine Produktivkraft der Natur, nämlich das auf der Erde wieder ansteigende Licht, wird Fortuna, und sie zeigt den Menschen – im eindrucksvollen Symbol dieses Augenblicks – das Gegenbild des Schicksals, nämlich ihre Unentschiedenheit, Beherrschbarkeit. Zwar springt die Zeit immer wieder in den alten Kreislauf zurück, die Geschichte nimmt ohnehin nicht an solchen natürlichen Einschnitten teil und der Naturraum hat noch keine mit den Menschen vermittelte Geschichte; doch er hat im Silvester von der Zeit ihre besten Augenblicke und ohne das sonstige Gleichmaß des Gewordenen. Das Buch der Natur, es mag in Zahlen geschrieben sein, ihr Weihnachtsbuch, am Jahresende gelesen, lieber in Märchenelementen und kleinen wetterhaltigen Chiffern.

Hier etwas zu merken, dazu taugt schon das Zimmer bei sich selbst. Ist man darin zu Hause, so braucht es den Dingen draußen nicht fremd zu sein. Es hat zwar Wärme, die sich von draußen abhebt, gelbes Licht ist in den Häusern, um die es so früh dunkel wird. Aber überraschend kann in ihnen ein unterirdischer Gang ins Dunkel sein, als dessen Licht gerade das Zimmer erwärmt und erhellt ist. Das Leben im Haus, wenn man noch eines hat, wird von der kalten Straße oder dem öden Feld um diese Zeit nicht bloß so umgeben, daß man sich vor ihnen geschützt fühlt, sondern diese beiden mengen sich ein und sprechen mit. Füchse und Wölfe, die es nicht mehr gibt, sagen sich im Hause dann noch gute Nacht; Sturm ist noch im Ofen oder Kamin, auch wenn es diese beiden nicht mehr gibt. Alles ist näher und enger geworden, so daß sich die Gesichter tauschen, das Draußen heimlich, das Drinnen offen wird.

Hier weiter etwas zu merken, dazu taugen zweitens Bilder, worin es schnöde hergeht. Verse und andere Stellen dieser Art bekommen dann einen rauhen und heimlichen Geschmack, der an der Wurzel der Dinge ist. Die Heide, sie vor allem, auch die mit den Zigeunerfeuern aus dem »Götz von Berlichingen«,

grenzt hier an. Alle Abendbilder solch entlegener Art richten sich nach dem, was man in der Jugend zwischen solchen Zeilen gesehen hat, im Nebel und Glanz, der dort liegt und der, in seiner Rauhnachtluft, viel mit Herbst, dann mit Weihnacht, dann vor allem mit Silvester gemein hat. Aber durch die bei jedem verschiedene Betroffenheit oder Betreffbarkeit wirkt dieselbe Sache, und die Skurrilität, welche dem Nebelbild dieser Frühwege (am Abend) eignet, ist eine aller zentralen Dinge, welche noch durch abseitige oder durch noch abseitige ausgedrückt werden müssen. Schlesische Kramladenaura bei Hauptmann, in tiefem Winter auf der Dorfstraße, bei knisternden Kerzen hinter halb vereisten Fenstern, kam dergleichen bisweilen sehr nahe, und in der Musik »die tiefe Freudigkeit des früh hereinbrechenden Dunkels«, worin fast ein anderer Tag zu scheinen scheint als der der bisherigen Natur. Hier sind Felder der letzten Grenze draußen in den wirklichen; selten können Menschen so nahe und objekthaft an sie hingelangen wie in den Landschaftsbildern und der Landschaft um diese Zeit. Kehricht vom alten Jahr und schnöder Frühklang, Zigeunerklang eines neuen grüßen in der Landschaft dieses Altjahrabends, dergestalt, daß man hindurchgeht wie durch Rumpelstilzchens Reich, wo es tagt.
Hier weiter etwas zu merken, dazu taugt drittens der Umweg ins Freie selbst, ohne sich zu verlieren. Die Nächte sind so finster, auch die kurzen trüben Tage, aber die Abende dazwischen sind den Menschen merkwürdig nahe. Gewiß doch, um vom Organischen zu reden, das auch sonst in uns und dem Wetter verwandt hochzusteigen scheint: auch der März ist in den Geschöpfen und treibt sie. Ein Garten am heite-

ren Junimorgen sieht so Jean-Paulhaft nach Jugend aus, als ob es nichts wie Blumen gäbe oder nichts als Klang übrig geblieben wäre. Wieder der Sommer – in Wäldern, im Wasser, am Strand – löscht nicht nur das verdinglichte Stadtleben, sondern die Wachzeit selber aus. Kurz nach dem höchsten Sonnenstand scheint die Landschaft mit uns zu schlafen und blüht im Schlaf als ihrem fruchtbarsten Zustand; es ist ein Schlaf mit brennender Sonne darin, die Nachmittage sind gleich ihm unbewegt, es gibt träumende Gewitter. Soweit, sogut mit dem Jahreszeithaften, intra muros et extra: aber nichts eben lebt so fällig in einem zugleich menschlichen Wetter wie die dialektischen Abende einer Adventsnatur. Der höchst zeitliche Naturinhalt der Silvesterlandschaft: ein altes Jahr verschwindet und niemand weiß, wohin es geht, ein neues kommt herauf und niemand weiß, woher es kommt – der Naturinhalt dieser Zeit, auch wenn aus ihrem angehaltenen Atem immer wieder nur März, Juni und der alte Hochsommer entspringen, enthält in statu nascendi etwas, was die Menschen mehr angeht und mehr aus ihrer Wurzel, mehr »Geschichte« ist als der übrige Jahrlauf der unbekümmerten Natur. Hier ist, wie wir sahen, eine Bruchstelle des gewordenen Raums, ein Advents- und Silvestereinbruch der Zeit in den Raum, dergestalt, daß auch die Bruchstelle, im Unvermögen eine feste Religion daran zu haben, seit alters her mit ebensoviel unausgekrochenen Dämonien wie mit der Hoffnung unerschienenen Glücks bevölkert werden konnte. Bauern früher hatten noch in dieser ihrer Rauhnachtszeit heidnische Orgien voller Blutmärchen und Räucherungen, ja der Hochaltar selber gab so wenig deutliche Religion dagegen, daß er gerade

um die Neujahrsstunde gemieden wurde, als Tummelplatz böser, auch gänzlich ungenannter Geister – kurz, an das seltsame Silvester kam weder Religion von dieser noch von jener Welt recht heran, weder mit Rauhnächten (die das neue Jahr bloß umgeben) noch mit Weihnachten (die das neue Jahr nicht bezeichnen und nicht aufgehoben haben), und es bleibt – selbst in der städtischen Ermattung – ein Zeitstück Natur mit undeutlichem Glück, höchst launisch, aber auch höchst menschlich. Durch einen Riß blickt der Stadtmensch in Erinnerungen fast archaischer, mindestens lang nicht mehr gewohnter Art, die vielmehr utopische sind, in ein Kalenderbild ohne noch gewordenen Raum.
So sehr macht betroffen, wenn auch äußerlich Zeit sich wendet. Zwei Pulse, ein eigener und ein äußerer, schlagen ineinander, sind in diesen Tagen nicht so ganz verschieden. Deshalb sagten wir, daß auch der verdinglichte Mensch um diese Zeit ein Kalendermensch wird; ein Kalender der Großstadt als Bild dessen, was noch als Natur mitspielt, könnte von hier aus unternommen oder beendet werden. Die entfremdende Wirtschaft entfernte sich zwar immer weiter davon, sie hat die Naturschranke technisch zurückgeschoben, sie hat den Naturmythos, den das Christentum nur überboten hatte, entzaubert und mechanisch entfernt. Das alles aber um den Preis von Entseelung, Verdinglichung und Quantifizierung des Lebens, ja um den Preis einer Hypertrophie der Apparate, welche dasselbe wurde wie eine neue oder zweite Natur über den Menschen, nach Seite ihres Zwangs, nicht nach Seite ihrer Abwechslung, Geheimnisse und Feste. Doch die organisch-kalendarische Welt, in die man gesetzt ist, dringt auch

durch diese Hülle herein, – reaktionär nur deshalb mißbrauchbar, weil progressiv ausgekreist. Sie scheint selbst durch die künstliche zweite Natur und sprengt sie nicht nur vom lebenden Menschen, sondern auch von jenen Naturinhalten her, die nur scheinbar zurückgeschoben oder mechanisch eingeebnet worden sind. Eine wachsende Aufhebung der Unterschiede von Stadt und Land wird auch die Natur nicht mehr nur als Rohstoff oder sportlich als Rutschbahn und sonst höchstens mit »kalt staunendem Besuch« zugänglich machen. Überall steckt sie voll qualitativer Merkwürdigkeiten und ferner Entsprechungen, nicht zuletzt eben beim ungetauften Silvester und dem, was darin oder besser dazwischen ist; eine rauchige Hoffnung blickt durch die Luke seiner Landschaft. Seit alters wird der Silvesterpunsch Fortuna zugetrunken, einer unbeherrschten und dämonischen Göttin, aber der letzten und wichtigsten, die bleibt. Sie wird, ist sie in der Entstehung beherrscht, vom Geschick befreit und als Glück getauft, die menschlichste. Altjahrabend weist eingehüllt auf Wende hin, mit einer Zeit, die auf der Kippe steht, einem Stilleben draußen, das sich sehen, noch nicht sehen lassen kann.

JOACHIM RINGELNATZ

Silvester

Daß bald das neue Jahr beginnt,
Spür ich nicht im geringsten.
Ich merke nur: Die Zeit verrinnt
Genauso wie zu Pfingsten,

Genau wie jährlich tausendmal.
Doch Volk will Griff und Daten.
Ich höre Rührung, Suff, Skandal,
Ich speise Hasenbraten.

Mit Cumberland, und vis-à-vis
Sitzt von den Krankenschwestern
Die sinnlichste. Ich kenne sie
Gut, wenn auch erst seit gestern.

Champagner drängt, lügt und spricht wahr.
Prosit, barmherzige Schwester!
Auf! In mein Bett! Und prost Neujahr!
Rasch! Prosit! Prost Silvester!

Die Zeit verrinnt. Die Spinne spinnt
In heimlichen Geweben.
Wenn heute nacht ein Jahr beginnt,
Beginnt ein neues Leben.

JOACHIM RINGELNATZ

Was würden Sie tun, wenn Sie das neue Jahr regieren könnten?

Ich würde vor Aufregung wahrscheinlich
Die ersten Nächte schlaflos verbringen
Und darauf tagelang ängstlich und kleinlich
Ganz dumme, selbstsüchtige Pläne schwingen.

Dann – hoffentlich – aber laut lachen
Und endlich den lieben Gott abends leise
Bitten, doch wieder nach seiner Weise
Das neue Jahr göttlich selber zu machen.

KURT TUCHOLSKY

Silvester

Was fange ich Silvester an?
Geh ich in Frack und meinen kessen
blausanen Strümpfen zu dem Essen,
das Herr Generaldirektor gibt?
Wo man heut nur beim Tanzen schiebt?
  Die Hausfrau dehnt sich wild im Sessel –
  Der Hausherr tut das sonst bei Dressel –,
  das junge Volk verdrückt sich bald.
  Der Sekt ist warm. Der Kaffee kalt –
      Prost Neujahr!
    Ach, ich armer Mann!
  Was fange ich Silvester an?

Wälz ich mich im Familienschoße?
Erst gibt es Hecht mit süßer Sauce,
dann gibts Gelee. Dann gibt es Krach.
Der greise Männe selbst wird schwach.
  Aufsteigen üble Knatschgerüche.
  Der Hans knutscht Minna in der Küche.
  Um zwölf steht Rührung auf der Uhr.
  Die Bowle –! (›Leichter Mosel‹ nur –).
      Prost Neujahr!
    Ach, ich armer Mann!
  Was fange ich Silvester an?

Mach ich ins Amüsiervergnügen?
Drück ich mich in den Stadtbahnzügen?
Schrei ich in einer schwulen Bar:
»Huch, Schneeballblüte! Prost Neujahr –!«
Geh ich zur Firma Sklarz Geschwister –
(Nein, nein – ich bin ja kein Minister!)
Bleigießen? Ists ein Fladen klein:
Dies wird wohl Deutschlands Zukunft sein . . .
Prost Neujahr!
Helft mir armem Mann!
Was fang ich bloß Silvester an –?

(Einladungen dankend verbeten.)

KURT TUCHOLSKY

Guten Morgen –!

Ich blick zurück. Das tu ich alle Jahre.
Und immer mit demselbigen Sükzeh.
Es überhingen deine blonden Haare
mit Blüten, Sommerstaub und Herbst und Schnee.

Oh, Publikum! So wars bei mir persönlich.
Und euch? Was hat denn euch das Jahr gebracht?
Wir waren guter Hoffnung – wie gewöhnlich –
wir warteten auf Dämmerung in der Nacht.

Wir warteten an Depositenkassen,
wir warteten beim Kohlenkommissar,
wir warteten in Volksversammlungsmassen –
wir warten, warten, warten – –
welches Jahr!

Wir warteten auf unsre Kriegsgefangenen,
wir warteten auf neue Menschlichkeit,
wir warteten aufs Sterben des Vergangenen –
wir warteten auf Frieden –
welche Zeit!

Bilanz: das Ding ist diesmal nichts geworden.
Prozente: Null. Der Stand des Ladens: flau.
Rechts: Reaktion – links: Bolschewistenhorden.
Bleibt, in der Mitte schließlich –: nur die Frau.

Ihr, die ihr guckt aus sanft verklebten Lidern
in diesen Neujahrstag – grüßt sie von mir! –
Wir warten weiter unten einem niedern
und grauen Weltenhimmel – wir sind wir!
        Wir warten weiter. Mag der Kosmos krachen:
        Prost Neujahr!
                        Nur die Ruhe kann es machen.

MAX HERRMANN-NEISSE

Silvesterspuk

Was hat mir das vergangne Jahr gebracht?
Ein wenig Lust – viel Gram und Niedertracht,
der Freunde schlecht bemäntelten Verrat,
(ich weiß, wie sehr ich selber Arges tat,
wie sehr ich schuld an deinem Kummer war!)
der Feinde minderwertig wüste Schar,
der Lauen bös gelauntes So und So
und der begehrten Frauen Nirgendwo.
Begräbt die Glocke endlich jetzt dies Jahr,
so bringt sie neue Fehde und Gefahr,
so läutet sie die künftgen Lügen ein
und füllt in andre Krüge Tränenwein.
Ich denke an der Toten dunklen Zug:
der Sterbensangst tut nie ein Glück genug!
Ich denke an der Neugebornen Los,
die Wolke über ihnen riesengroß,
todbringend droht sie stets mit ihrem Blitz.
Braut ist und Ruhm fragwürdiger Besitz.
Stets welkt die Lust. Erfolg wird Furcht und Qual.
Verliebtheit schmerzt. Es naht: Das letzte Mal.
Silverssterspuk. Ich selbst: ein alter Mann,
dem nun kein Jahr mehr Gutes bringen kann.

ERICH MÜHSAM

Prosit Neujahr!

Prost Neujahr! Das alte Jahr ist vorbei;
beginnend mit dem neuen
wollen wir uns erst mal freuen
und hoffen, daß es vergnüglicher sei
als jenes, das nun mit Gestank
und Krachen in den Orkus sank.

Es ruhen bekanntlich im Zeitenschoß
die Lotteriegewinne.
Die Nieten sind da drinne
weit häufiger als das große Los.
Meist bleibt uns nur vom Neujahrswunsch
der Kater vom Silvesterpunsch.

Gibt 27 'nen andern Ton
als 26 hatte?
Oft spielt die ält'ste Platte
auf dem modernsten Grammophon:
Man bläst auch in der Republik
die kaiserliche Marschmusik.

Das längst Entschwund'ne, – in Deutschland zieht's
den Faden ohne Ende:
die Putsch- und Wehrverbände,
die Geheimräte und die Niedner-Justiz . . .

(Sind Wiking und Olympia
nun eigentlich tot? – Sind sie noch da?)

Was werden soll? Wer gescheit ist, schweigt,
harrt des Gewinns, der Niete.
Die Steuer steigt, die Miete; –
Herminens und Wilhems Hoffnung steigt . . .
Bald wird der Glückstopf ausgelost – –
Prost Neujahr, liebe Mitwelt, Prost!

THOMAS MANN

Neujahrswunsch an die Menschheit

Einen Wunsch an die Menschheit, das heißt an die heutige menschliche Gesellschaft, zum neuen Jahr? Und nur einen hat man frei, da doch vieles zu wünschen wäre? Da heißt es konzentriert und im großen wünschen, um womöglich mit einem Wunsch alles Wünschbare auf einmal zu treffen. Nehmen wir uns zusammen!

Klugheit – ich glaube, das ist es. Nie, glaube ich, war sie dem Menschen – und zumal dem europäischen – notwendiger zu seinem Heil als heute. Und wenn man mich aufforderte, die Klugheit, die ich meine, näher zu bestimmen, so weiß ich es nicht besser zu tun, als indem ich sie Geistwilligkeit nenne – aus erhaltendem Sinn.

Es gibt heute *nur einen* Konservatismus, der seinen Namen verdient. Es ist derjenige, der unsere Zivilisation vor dem Untergang zu bewahren, sie zu ›erhalten‹ wünscht gegen Katastrophen, die ihr drohen und die ihrer Vernichtung gleichkommen würden. Daß sie ihr drohen, sollte glaubhaft gemacht worden sein durch diejenigen, die sie bereits getroffen haben, die aber nur das Vorspiel eines Aufräumens sondergleichen werden gewesen sein, wenn die menschliche Gesellschaft, und namentlich die europäische, vermeinen sollte, mit jenen Zwischenfällen, die sie heimgesucht und von denen sich ziemlich rasch zu erholen sie das behagliche Gefühl hat, sei es getan und sie könne sich in betreff der Zukunft einem Optimismus überlassen, der ihr jede Dummheit, jede Dickfälligkeit und Rückfälligkeit, jeden tölpelhaften Übermut und jedes alberne Spiel mit dem Feuer gestatte. Dieser in weiten Kreisen der Menschheit verbreitete Optimismus ist vollkommen fehlerhaft, und zwar aus folgendem Grunde.

Zu allen Zeiten liegt zwischen der Wirklichkeit, der Materie, dem Zustande, in dem die große Mehrzahl der Menschen noch beharrt, aus dem sie sich zögernd in neue Zustände hinüberwandelt, und dem Geiste, dem eigentlich von den Spitzen der Menschheit schon erreichten Erkenntnisstande eine beträchtliche Distanz. Die Materie ist zäh, schwerfällig, mißtrauisch, gezwungenermaßen langsam und vorsichtig, durch sich selbst gehemmt, der Geist beschwingt und behende, leidenschaftlich, ungeduldig, zum Überdruß geneigt: oft ist es vorgekommen, daß er mit einer neuen Idee schon ›fertig‹ und zu Neuem und Übernächstem vorzustoßen mindestens versucht war, bevor die Materie ihn im entferntesten eingeholt und sich nach dem Erkenntnisstande einzurichten begonnen hatte, den wieder zu verlassen ihn bereits gelüstete; ja, all seine Moral, seine Selbstzucht, seine Sozialität, seine Güte besteht eigentlich darin, sich nicht an Ideen zu langweilen, bevor sie verwirklicht sind. Denn eine Wirklichkeit, welche jeder Fühlung mit dem Geist verlustig gegangen wäre, eine geist- und gottverlassene, heillos zurückgebliebene Wirklichkeit, deren Zustände zu dem ›eigentlich‹, das heißt geistig erreichten Erkenntnisstande ein allzu krasses Mißverhältnis aufwiesen, wäre *gefährdet* – wir drücken uns kühl und gelassen aus, ihr drohte Unheil, sie wäre gewissen naturgesetzlich-dynamischen Wir-

kungen ausgesetzt, die das Erzeugnis übertriebener und ungesunder Spannungsverhältnisse sind.
Nie nun, so will uns scheinen, war der Abstand zwischen Materie und Geist, die Spannung zwischen dem, was im Wirklichen noch für möglich gehalten wird, und dem ›eigentlichen‹ geistigen Erkenntnisstande der Menschheit so skandalös, gefährlich, krankhaft, verhängnisgeladen wie heute – und zwar ohne daß die große Masse der Menschheit sich dessen im entferntesten bewußt wäre. Sie glaubt sich von peinlichen Zwischenfällen zu erholen und zu ›restaurieren‹, von denen sie offenbar rein akzidentiellerweise betroffen worden, und ergeht sich in Dummheiten, die einen intelligenten Hund zum Heulen bringen könnten, ohne sich von den Katastrophen auch nur träumen zu lassen, die ihr gewiß sind, wenn sie nicht, statt abgestandene Allotria zu treiben, allen Ernst und alle Eile daransetzt, den Geist einzuholen und die Zustände ihrer Wirklichkeit seinen Erkenntnissen und Forderungen leidlich anzupassen. Dies ist es, was ›Klugheit‹, was Geistwilligkeit aus erhaltendem Sinn genannt wurde. Vorbauende, auf Anpassung und rechtzeitiges Zugeständnis bedachte Geistfreundlichkeit ist das einzige, was die Zivilisation vor dem Untergang zu retten vermag, und jeder konservativ Gestimmte, das heißt jeder, der nicht die Katastrophe will, sondern Vernunft, Folge und Fortschritt, muß heute – weit entfernt, die Renitenz der Dummheit zu ermutigen – ein gut Teil revolutionären Willens in sich aufnehmen, *muß weitgehend das noch Bestehende, aber Überholte verneinen und lieber den Vorwurf des Radikalismus tragen, als den unheilschwangeren Zwiespalt zwischen Wirklichkeit und Geist vertiefen helfen.* (1927)

MASCHA KALÉKO

Nekrolog auf ein Jahr

Nun starb das Jahr. Auch dieses ging daneben.
Längst trat es seinen Lebensabend an.
Es lohnt sich kaum, der Trauer hinzugeben,
Weil man sich ja ein neues leisten kann.

Man sah so manches Jahr vorüberfliegen,
Und der Kalender wurde langsam alt.
Das Glück gleicht eleganten Luxuszügen
Und wir der Kleinbahn ohne Aufenthalt . . .

Im Wintersportgebiet hat's Schnee gegeben.
Wer Hunger hat, schwärmt selten für Natur.
Silvester kam. Und manches Innenleben
Bedarf jetzt fristgemäß der Inventur.

Wir gossen Blei und trieben Neujahrspossen.
(Minister formen meist den Vogel Strauß . . .)
Was wir im letzten Jahr in Blei gegossen,
Das sah verdammt nach Pleite-Geier aus.

Das Geld regiert. Wer hat es nicht erfahren,
Daß Menschenliebe wenig Zinsen trägt.
Ein braver Mann kann höchstens *Worte* sparen.
. . . Wenn er die Silben hübsch beiseitelegt.

Die Freundschaft welkt im Rechnen mit Prozenten.
Bald siehst du ein, daß keiner helfen kann.
Du stehst allein. Und die dir helfen könnten,
Die sagen höchstens:› . . .rufen Sie mal an!‹

Nun starb ein Jahr. – Man lästre nicht am Grabe!
Doch: Wenn das Leben einer Schule gleicht,
Dann war dies Jahr ein schwachbegabter Knabe
Und hat das Ziel der Klasse nicht erreicht.

ALFRED POLGAR

Ein neues Jahr

Wir numerieren die Jahre. Eigentlich wäre es netter, ihnen nicht eine kalte, nüchterne Zahl anzuhängen, sondern einen Namen. Oder einen Titel, wie ihn Bücher führen. Wäre es nicht schön, ein Jahr zu beginnen, das etwa »Rose-Marie« hieße? Oder: »Der gute Freund« oder »Segen der Liebe«? Man denke nur, was solche Neuerung allein schon für die Briefpapier- und Kalenderindustrie bedeuten müßte, ganz zu schweigen von dem mystischen Einfluß des Namens auf das Jahr, das ihn zwölf Monate lang trüge. Wie es zu heißen hätte, müßte eine internationale Kommission bestimmen, deren Spruch sich die ganze zivilisierte Welt widerspruchslos zu fügen gewohnt ist, also etwa der Völkerbund oder die »Association universelle des idéalistes«, die es ebenfalls nicht gibt. Diese Kommission sollte auch das Recht haben, einen großen Menschen dadurch zu ehren, daß sie das Jahr nach ihm benennte. Um wieviel mehr und dauerhafter würde solche Ehrung über gemeine Sterbliche erhöhen, als der ziemlich kompromittierte Nobelpreis!
Vorläufig numerieren wir noch. Wir nähern uns, seit Christi Geburt gezählt, schon der Zahl 1937. Nein, wie die Zeit vergeht! Und dies ist noch das Beste, was sie tun kann. Eine schwere Wolke von Gemeinheit, Grausamkeit und Dummheit hängt über ihr, und

kein Lüftchen kündet an, daß von irgendwoher ein Wind sich erheben wolle, das »schwüle Gedünst« (Rich. Wagner) fortzuwehen. Also bleibt nur die Hoffnung, daß es, mit der Zeit, vergehen werde. Diese läuft ja, seit sie das vielbesprochene Tempo hat (was allerdings ein Unsinn ist, wie die Wendung »der Raum hat Raum« einer wäre), in so sprudelnder, schäumender Hast dahin, als könnte sie's gar nicht erwarten, in die Ewigkeit zu münden. Von der Angst gejagt, hinter ihr zurückzubleiben, geraten die Menschen außer Atem, und bis sie darauf kommen, daß ihnen bei langsamerem Tempo Enttäuschung und Tod genau so gewiß sind wie bei höchstgesteigertem, haben sie die besten Chancen, ihr Leben zu nützen, versäumt. »Nimm dir Zeit, sonst nimmt sie dich!« könnte ganz gut irgend ein Weiser gesagt haben.
Wie das kommende Jahr sich gestalten mag, das wissen nur die wenigsten, und die sagen es vernünftigerweise nicht. Wozu denn auch? Das Gute, das sie künden könnten, wird auch als Überraschung willkommen sein, und die Übel, die sie voraussagen, wüßten wir ja doch nicht abzuwenden; denn vermöchten wir's, so wäre ja der Prophet, der sie vorausgesagt hat, keiner gewesen. Viel Wahrscheinlichkeit hat immer die Voraussage für sich, daß das neue Jahr zwölf Monate währen, reich an Geburts- und Todestagen und, wenn es schön sein, dann Mühe und Arbeit sein wird. Eine bessere Prognose, dies lehrt die Erfahrung, können wir keinem Jahr stellen. Oder weiß jemand eines zu nennen, von dem die Menschen sich schwer getrennt, zu dem sie gesprochen hätten: Verweile doch, du bist so schön!? Hat schon jemals einer in der Silvesternacht »Prost Alt-Jahr« gerufen? Man ist immer froh, dieses losgeworden zu sein, und erst wenn

wiederum ein Jahr in Schmerzen vergangen ist, sieht man reuig ein, was man an dem vorhergegangenen gehabt hat. Ein und dasselbe Jahr hält man höchstens ein Jahr lang aus, keine Minute länger.
Sollen wir fürchten, daß das kommende Jahr sein wird wie das gewesene, oder sollen wir's hoffen? Das ist die Frage. *Eine* ziemliche Gewißheit besteht: An den ewigen Sternen über uns wird die nächste Zukunft, verlaufe sie, wie sie wolle, kaum etwas ändern. Auch künftighin werden die Schwingenspitzen des Schwans in alter Herrlichkeit glänzen, wird in unverminderter Kraft das W der Kassiopeia flammen, wird kein Edelstein aus dem Gürtel des Orion gebrochen werden, und nach wie vor, glanzvoll aufgeschirrt, Räder und Deichsel aus lauterem Gold, der Große Wagen auf seinem Standplatz stehen. Das Sternenzelt dürfte intakt bleiben. Von der anderen Kantschen Gewißheit, dem Sittengesetz in unserer Brust, möchte ich das nicht mit solcher Sicherheit behaupten.
Jedenfalls nähert sich, um den 21. Dezember herum, die Erde wieder der Sonne, der Tag »nimmt zu«, setzt Sekunden an, Knospen, in denen Licht reift und Wärme. Aus der Tiefe der Dunkelheiten geht es aufwärts. Diese Änderung der Fahrt-Richtung ist es offenbar, die den Menschen um Neujahr herum zur guten Laune anreizt und ihn so geneigt macht, den Menschenbruder zu umarmen, beziehungsweise ihm die Gurgel umzudrehen. Ob er sich für dies oder jenes entscheidet, ist die Sache der Weltanschauung.

OSKAR MARIA GRAF

Der Neujahrsbrief

Unsere Aufkirchner Schule hat zwei Klassenzimmer gehabt und infolgedessen auch zwei Lehrer. Im kleineren Zimmer waren die erste, zweite und dritte Klasse untergebracht, und ein neugebackener Hilfslehrer hat dort die Abc-Schützen unterrichtet. Deswegen hat diese Abteilung die »kleine Schule« und der Hilfslehrer der »kleine Lehrer« geheißen.
Die »große Schule« mit der vierten, fünften, sechsten und siebenten Klasse hat unser Hauptlehrer Karl Männer geleitet, der »große Lehrer«. Beim Unterricht sind immer zwei Klassen zusammengenommen worden. Die vierte und fünfte lernten stets das gleiche, die sechste und siebente ebenso. Demnach hätte also ein Viertklaßler ohne weiteres in die sechste aufrücken können, aber wahrscheinlich hat man sich gesagt: Doppelt gelernt hält besser.

Wie ich schon berichtet habe, ist der Lehrer Männer später an einem Magenkrebs gestorben, und die Leute haben bei seinem Begräbnis gesagt, so mannhaft und geduldig, wie der sein schweres Leiden bis zuletzt durchgestanden hat, das macht ihm so schnell keiner nach. Überall hat es geheißen, es ist schad um ihn, und auch uns ist halbwegs danach gewesen, aber wir haben an dem Tag schulfrei gehabt, und jeder hat nach der Leichenfeier in der Klostermaier-Wirtschaft »Zur Post« zwei warme Würste bekommen. Das war sehr schön.

Wir von der »großen Schule« schauten selbstredend mit Verachtung auf die Abc-Schützen herab, aber in den Weihnachtsferien haben die es doch viel besser gehabt als wir. Wir nämlich mußten ausgerechnet am Silvestertag in die Schule gehen und sie nicht.
An diesem Tag ist der Lehrer Männer jedesmal mit einem großen Paket zur Tür hereingekommen, zum Katheder gegangen, hat gewartet, bis wir ruhiger geworden sind, und alsdann feierlich gesagt: »Ihr wißt alle, daß heute um Mitternacht ein altes Jahr aufhört und ein neues beginnt. Unmerklich geschieht das...« Er schneuzte sich, legte sein blaugeblümeltes Schnupftuch langsam zusammen und fuhr dann fort: »Zur heiligen Beichte macht der Sünder vorher eine Gewissenserforschung. Er denkt genau über alle begangenen Sünden nach, um sie reumütig dem Allmächtigen gestehen zu können. So ungefähr sollt auch ihr es mit dem Neujahrsbrief machen. Jeder soll über das Schöne und Gute, was er von seinen Eltern empfangen hat, nachdenken und dafür danken. Er soll versprechen, es im neuen Jahr besser zu machen und fleißiger zu sein, damit ihn Eltern und Lehrer mit der gleichen Liebe erziehen.«
Wiederum hat er bei diesen wunderschönen Worten eingehalten, hat rasselnd geschnupft und alsdann einen durchdringenden Blick auf uns geworfen.
»Ich will euch aber gleich sagen, daß es mit leeren Versprechungen nicht getan ist!« hat er auf das hin schärfer gesagt: »Die meisten Menschen sind denkfaul, und darum lügen sie soviel. Das sehen wir schon an unserem ›Vaterunser‹. Da heißt es zum Beispiel an einer Stelle: ›Vergib uns unsere Schuld, wie auch wir vergeben unseren Schuldigern.‹ Das heißt, daß man

in diesem Augenblick wirklich allen seinen Feinden vergeben muß, wohlverstanden! Ich habe aber noch nie erlebt, daß zwei Leute, die einander feind sind, nach dem ›Vaterunser‹ einander die Hand gegeben haben und wieder gut waren. Wenn man so betet und so verspricht, dann tut man's besser gar nicht, denn dann ist's eine Lüge.«

Nach dieser strengen Warnung hat der Lehrer die prachtvollen Neujahrsbriefbogen, die er in seinem Paket gehabt hat, hergezeigt. Mit dicken Rosengirlanden waren sie an den Ecken und Rändern bedruckt, und kleine, farbige Engel, bloß mit einem Kopf und zwei Flügeln, zierten sie. Der Bogen hat zwanzig Pfennig gekostet und das seidene Bändchen für die Schleife noch einmal fünf.

Gerollt nämlich und nicht in einem Kuvert mußten wir die Briefe unseren Eltern bringen.

»Also, ich habe da Briefpapier, wer will eins?« hat der Lehrer gefragt und noch einmal warnend den Zeigefinger gestreckt: »Und merkt es euch, was ihr versprecht!« Wir hingegen waren schon eine Gier, und jeder hätte am liebsten die ganzen Briefbogen für sich allein gekauft.

Alsdann haben wir den Neujahrsbrief auf die Schiefertafel schreiben müssen, und hernach – wenn sie der Lehrer korrigiert gehabt hat – haben wir die Fassung fein säuberlich mit Tinte auf den eben gekauften schönen Briefbogen gemalt. –

Jetzt muß ich aber etwas dazwischen erzählen, was auch dazugehört. Ich nämlich habe – schon weil sie immer so ernst und eindringlich gewesen sind – die Belehrungen vom Lehrer oft recht ernst genommen, und das hat mich meistens sehr uneins mit mir selber gemacht. Zum Beispiel schon der ›Vaterunser‹-Satz vom Vergeben aller Schuld und so weiter. Der Müller-Steffl, der Reindl-Michl, der Ambros-Beni und überhaupt die ganzen Unterberger, die wo immer unsere Todfeinde gewesen sind, zu denen wenn ich nach dem Beten hingegangen wäre und hätte gesagt: »Ich bin euch wieder gut, weil ich's dem lieben Gott grad versprochen habe«, die hätten mich ja schön ausgelacht und verspottet und womöglich noch gehaut auch, weil so was ja ausgeschaut hätte wie eine ganz leimsiederische Feigheit.

Weil ich aber nichts habe sagen wollen, was vor Gott, dem Pfarrer und Lehrer eine ganz sündhafte Lüge gewesen wäre, darum habe ich den betreffenden Satz im ›Vaterunser‹ einfach immer ausgelassen. So bin ich über die Kalamität weggekommen. Und mit dem Neujahrsbrief war es bei mir genauso. Zwar hätte ich da drinnen ruhig alles mögliche versprechen können, denn Vater und Mutter haben den Brief nie gelesen, nur immer bloß überflogen. Die Hauptsache ist ihnen die schöne Handschrift gewesen, nicht der Inhalt. Und überdies hat man den Neujahrsbrief alsbald als Einwickelpapier in unserem Laden benützt oder verbrannt. Trotzdem aber ist mir die Ermahnung vom Lehrer arg im Kopf herumgegangen, und deswegen habe ich meinen Brief immer auf »vielleicht« gestimmt.

»Im neuen Jahr vielleicht werde ich ein ganz anderer Mensch, liebste Eltern, das verspreche ich Euch vielleicht von ganzem Herzen«, habe ich jedesmal geschrieben und außerdem immer mit dem schwungvollen Satz angefangen: »Wieder fällt ein überreifes Jahr vom Baume der Ewigkeit und ist nicht mehr.« Dieses habe ich einmal irgendwo gelesen und mir gemerkt, und weil es dem Lehrer so gefallen hat, habe ich an jedem Silvestertag meinen Brief so angefangen. Der Lehrer war immer sehr zufrieden damit. – Das Neujahrsbriefschreiben ist selbstredend für die meisten von uns eine fürchterliche Kopfarbeit gewesen. Keinem ist was Passendes und Gescheites eingefallen, aber die zwei Seiten haben doch voll sein müssen. Mädchen und Buben sind bei uns in den Klassen beisammen gewesen, rechts die Mädchen, links die Buben. Die Mädchen haben mitunter ein Gedicht aus ihrem Poesiealbum in den Brief hineingeflochten. Das hat sehr ausgegeben, wenn es auch nicht immer ganz gepaßt hat, wie zum Beispiel der Spruch, den wo unser Vater allen meinen Schwestern immer in ihr Album geschrieben hat:

Zwei Nägel, sie genügen
Dem Sarge zum Verschluß.
Der eine heißt Vergnügen,
der andere heißt Verdruß.

Oder das von der Wintersheimer-Mimi:

Laß die Blumen stehn
und auch den Strauch.
Andre die vorübergehn,
freu'n sich auch.

Hinwiederum solche Alben haben bei uns bloß etliche Mädchen gehabt, die gescheiteren und besseren. Bei den Bauern und Kleinhäuslern hat man solche Faxen nicht gekannt. Die Allerdümmste davon, die Hartmann-Elis von Mörlbach, die hat der Lehrer einmal nach der Hauptstadt von Deutschland gefragt. Sie hat eine Zeitlang hinum und herum gedrückt, und endlich sagt sie: »Vogesen.« Für die ist der Neujahrsbrief das reinste Martyrium gewesen,

weil sie überhaupt bloß bei der Religion halbwegs mitgekommen ist.
»Lippsde Äldern«, hat die einmal geschrieben, »ich winsche enk fülgligg im nein jar und wühl nigd mehr pfolgen und petteln, tas ir lang leppt ...« Dann hat sie die Zehn Gebote hingeschrieben, aber schon so falsch, daß sogar der Männer bloß den Kopf geschüttelt und leicht gelacht hat. Der Kanzler-Sepp von Farchach, der mit seinem viereckigen Kopf, welcher immer bei uns hineingeschaut und auch alsdann noch falsch abgeschrieben hat, den haben wir einmal aus Jux schreiben lassen: »Liebste Eltern! Stehlen und Unkeuschheit treiben tue ich im neuen Jahr ganz gewiß nicht mehr, und das Lügen gewöhn ich mir auch ab, weil es doch aufkommt.«
Am meisten für den Text des Neujahrsbriefes hat unser »Beichtspiegel« hergeben müssen, welcher ein Blatt gewesen ist, wo unser Pfarrer die genauen Gebetsregeln und das Sündenregister hektographiert hat, damit, daß wir alles auswendig lernen. Bei den Sünden hat es immer geheißen »Ich habe ... gestohlen« oder »Ich habe ... gelogen« oder »Ich habe Unkeuschheit ... getrieben« und da, wo die Punkte gewesen sind, haben wir bloß die Zahl sagen müssen.
Das hat der Pfisterer-Hans von Farchach ausgenützt, indem daß er, wie es im Beichtspiegel geheißen hat, angefangen hat: »Liebste Eltern! Ich armer, sündiger Mensch klage mich an vor Gott dem Allmächtigen und Ihnen Priester an Gottes Statt, daß ich im letzten Jahr folgende Sünden begangen habe.« Alsdann hat er das ganze Sündenregister hingeschrieben. Da hat ihm der Lehrer zwei Tatzen gegeben, seinen Briefbogen zerrissen und gesagt, wenn er so faul ist

und nichts anderes weiß, soll er es ganz bleiben lassen. Den Hans hat das nicht weiter geniert. Daheim bei ihm aber haben sie – wie er uns nach Neujahr erzählt hat – recht ungut gesagt, warum ihm der Lehrer denn die fünfundzwanzig Pfennig nicht zurückgegeben hat, und überhaupt, das unsinnige Neujahrsbriefschreiben sollt er bleiben lassen, die Kinder braucht man daheim beim Dreschen. Der Hans aber hat sich das nicht zum Lehrer sagen trauen. –
Die Heinzeller-Maria von unserem Berger Schloßwart, dem wo seine Frau vor gutding zwei Jahre gestorben ist, die Marie hat von ihrer Mutter selig ein kleines Bücherl, einen ›Briefsteller für Liebende‹, mitgebracht, und aus dem hat sie den folgenden Neujahrsbrief abgeschrieben:

»Herzallerliebster!
Oft denke ich daran, wie wundervoll dieses Jahr in Deinen Armen war. Jetzt ist es verschwunden, aber meine Liebe zu Dir nicht. Ach, ich kann Deinen weichen Mund nicht vergessen und sehne mich Tag und Nacht danach. Tust Du es auch? Oh, die Zeit flieht und vergeht wie im Fluge! Wir sind uns so vertraut. Ich wünsche Dir, mein Herzblatt, daß Du gesund bleibst und viel Glück in allem hast. Ich wünsche aber auch mir, daß ich noch viele sonnenhelle Tage und ein wolkenloses Glück mit Dir erlebe. Das weißt Du gewiß auch. Jede Nacht träume ich von Deinen Armen, jeden Tag schmachte ich nach Deinen Küssen und vergehe schier, wenn ich Dich einmal nicht gesehen und geküßt habe. Wie wird dieses neue Jahr sein, Liebster? Wird es unsere endliche Vereinigung bringen? Wird unser Glück ganz und dauerhaft werden? Oh, mein Süßer! Oh, mein Herz-

liebster, Dein bin ich auf ewig! Nimm mich in Deine starken Arme und küsse mich im neuen Jahr noch viel öfter und inniger als im vergangenen. Das andere weißt Du schon.

Mit innigster Liebe Dein trautes
Vergißmeinnicht – Marie.«

Das hat ihr ein furchtbares Strafgericht eingebracht. Lehrer und Pfarrer haben sie vernommen und den ›Briefsteller für Liebende‹ behalten. Der neue Pfarrer Friedinger ist zum Heinzeller gekommen und hat gesagt, wie er bloß so schmutzige, unkeusche Bücher haben kann. Der Heinzeller ist ganz baff geworden und hat durchaus nicht gewußt, wie so was in sein Haus gekommen ist. »Dös oanzige, wos i hie und do les, Hochwürden, is der ›Land- und Seebot‹«, hat er gesagt.
Hinwiederum aber hat ihm die Sache doch arg zu denken gegeben, und er hat sich erinnert, daß seine Frau selig oft und oft so komische Bücherl gelesen hat, er hat dieselben gar nie angeschaut und auch keine Zeit dazu gehabt. Sie ist eine recht strammgewachsene, saubere Person gewesen, die verstorbene Heinzellerin, und viel jünger wie er, aber an der Lung hat es ihr gefehlt, deswegen ist es so schnell dahingegangen mit ihr. Ihrem Gesicht nach, hat man gemeint, sie ist das Leben selber. Und jeden Tag ist sie sauber beieinander gewesen, immer hat sie ein blitzweißes Zierschürzerl angehabt und ihre roten Haare schön gemacht. Ganz städtisch ist sie dahergekommen mit ihren hohen Stöckerlschuhen, und mit jedem Mannsbild war sie die Freundlichkeit selber. Keinen Tanz hat sie beim Veteranen- oder beim Sängerball ausgelassen, am liebsten ist ihr dabei der

Stallmeister vom Poschinger gewesen, und mit dem Kapitän vom Dampfschiff »Luitpold« ist sie auch recht speziell gewesen. Die Leute haben allerhand drüber gemunkelt, aber sie ist dem Heinzeller eine gute Hausfrau und der Marie die beste Mutter gewesen. »I hob nia wos z'klogn ghabt über sie«, hat der Heinzeller gesagt: »I wollt, sie lebert noch ...« Leicht zu denken also, daß ihm die Geschichte mit der Marie arg zuwider war. Er hat sie recht geschimpft und sofort alle sonstigen Bücher, die wo noch im Haus gewesen sind, in den Ofen geschmissen. Die Marie ist ganz verdrossen geworden, und in der Schule ist es ihr noch schlechter gegangen.

Der Männer hat zwar nicht mehr viel verlauten lassen und bloß einmal zu uns gesagt: »Jedes Buch ist nicht gleich«, aber der Friedinger hat sich in der Religionsstunde ganz finster vor uns hingestellt und der Heinzeller-Marie schier durch und durch geschaut und angefangen: »Nehmt euch in acht vor der Verführung! Da habt ihr es wieder gesehen – der Satan kommt nicht in leibhaftiger Gestalt, nicht mit einem bösen Gesicht zu uns! Oh, durchaus nicht! Er ist immer katzenfreundlich und lächelt und verstellt sich, daß es ja niemand merkt, was er will. Oft läßt er sich gar nicht sehen, der Höllische, sondern verstreut seine Lockmittel in Gestalt von Zeitungen und Büchern! Da, meint er, merkt's dann so schnell keiner und tappt wie ein Blinder in die schrecklichste Sündhaftigkeit ...«

Immer lauter ist er geworden, der eifrige neue Pfarrer, und hat ein krebsrotes Gesicht gekriegt: »Und daß ihr's ein für allemal wißt, und besonders du, Heinzeller-Marie, fragt immer zuerst euren Seelsorger, wenn euch so ein Schandbuch unterkommt,

verstanden?« Die Marie ist dabei brandrot geworden und hat ganz zerknirscht geweint, und wir haben sie angeschaut, als wie wenn wir uns vor ihr ekeln. Gleich, wie der hochwürdige Herr Pfarrer draußen gewesen ist, haben wir zu ihr gesagt: »Ah, pfui Teifi, do muaßt du di dein Leben lang schaama.« Auf das hin hat sie noch mehr zu plärren angefangen, und wir haben erst recht gestichelt, da kann sie gar nicht oft genug beichten, ehvor sie das losbringt. –
Am anderen Sonntag ist in Starnberg drenten der Jakobimarkt gewesen. Da hat sich jeder von uns insgeheim den ›Briefsteller für Liebende‹ gekauft.

CARL ZUCKMAYER

Silvester-Spruch 1933

Das alte Jahr zu Ende geht,
Das neue vor der Türe steht.
Das mag ein gut Jahr werden!!
Der Nebel in der Heide stockt.
Der Leuchtturm hinterm Nebel hockt
Und hält die Wacht auf Erden.

Es ruht das Meer, es schläft das Watt.
Die Wildgans schläft, von Muscheln satt.
Das Wachs tropft von den Lichtern.
Wir trinken unsern Portwein still.
Mag kommen, was da kommen will!
Der Himmel helf den Dichtern!

Aus dem Stegreif,
Neujahrsnacht 1932–33,
Kampen auf Sylt

BERTOLT BRECHT

Das Neujahr der Verfolgten

Zu Ende ging ein bitteres Jahr
Und ein bittereres begann
Aus Heeren blieb eine kleine Schar
Und wuchs zu Heeren an.

Ich las ein unbeschriebenes Blatt
Und schrieb in ein bedrucktes Buch
Da bekam ich in meiner Kerkerstatt
Sehr erlauchten Besuch.

Der jüngere Pitt kam mit löchrigen Schuhn
Und Bonaparte kam ohne Rock
Und Suworow brachte ein gestohlenes Huhn
Das briet Blücher an seinem Stock.

Pitt hatte am Ärmel einen öligen Fleck
Bonaparte eine schwielige Hand
Suworow hatte ein neues Versteck
Und Blücher hatte Verstand.

Auch Hannibal, der Punier, war da
Und machte mit Cäsar Spaß
Und Perikles lachte und Seneca
Bat Alexander um einen Paß.

Sie saßen bis zum Hahnenschrei
Und gingen heiter weg
Und schlichen sich durch die Polizei
Jeder in sein Versteck.

ALBRECHT HAUSHOFER

Silvestersegen

Des Jahres würdig war der letzte Schluß:
In unsren Zellen rattenhaft verwahrt,
erfahren wir in ganz besondrer Art
den Prall der Bomben wie den Flakbeschuß.

Kein großer Angriff. Ein Silvestersegen,
den Trümmerstätten von Berlin geweiht,
an eines Jahres Gabe nur gereiht,
wie späte Glut an einen Flammenregen.

Was in Jahrhunderten gewachsen war,
vernichtet nun in Stunden jäh die Kraft
gewissenlos mißbrauchter Wissenschaft.

Das alte China kannte die Gefahr.
Es bannte schon das Pulver, weil darin
Versuchung lag zu groß für Menschensinn.

RUDOLF ALEXANDER SCHRÖDER

Im Altjahrsgarten

Ich hör die Glocken läuten.
Was wird das viel bedeuten?
Ein Altjahr kommt zu Rande;
Ein Neujahr stößt vom Strande.

Gegrüßt mit Gläserklingen,
Mit Böllern, Fahnenschwingen,
Mit buntem Lichtgefunkel,
So geht die Fahrt ins Dunkel.

Wie oft hab ich's betrachtet,
Das Neue: schwer befrachtet,
Den Segelwind im Linnen,
Umjubelt strich's von hinnen.

Sah kehren dann das bleiche,
Nicht mehr an Gütern reiche,
Das alte Jahr am Stabe:
Kroch unbedankt zu Grabe.

Was ziemt nun heut mir Alten?
Soll ich's mit andern halten,
Kauf auf dem Halm die Ernte,
Wenn ich's doch anders lernte?

Wähn ich noch eins, dies neu're
Sei wirklich das geheure,
Das Wunderjahr ohn Tücke,
Drin allen alles glücke?

Da wandt ich mich alleine;
Kam an ein Gärtlein kleine,
Drin überdeckt im Schragen
Viel alte Jahre lagen.

Die hatt ich all erkundet,
Hat manches mir gemundet;
Noch mehre schmeckten sauer:
War keins von langer Dauer.

Zwar abgetan und fertig,
Doch ungleich mir gewärtig.
Fremd schien mir manches Neuste,
Manch Ältestes das Treuste.

Ich sprach: Es ziemt den Söhnen,
Den nächsten König krönen,
Den neugebornen, blanken;
Ich komm, euch Alten danken.

Ihr tatet euer Bestes:
Vergessen wir des Restes;
Sei mir und euch verziehen,
Was halb und schlecht gediehen.

Daß ich hier steh und weile,
Verdank ich eurer Eile.
Ihr mußtet zeitlich alten;
Mich habt ihr jung erhalten.

Und ging es an ein Fechten,
Ob ihr, ob ich die Schlechten,
Ob ihr, ob ich die Guten,
Das gäb ein lang Vermuten.

Drum lassen wir's durchstrichen.
Sei Schuld mit Schuld beglichen.
Denn wie ich euch, ihr Jahre,
Begrabene, gewahre,

Die hier im Altjahrsgarten
Mit mir der Urständ warten,
Dünkt mich, als wär der Menge
Das Gärtlein bald zu enge.

Viel durft ich hier verscharren.
Wie vieler darf ich harren?
Ihr habt hier, alt und neue,
Getreue, ungetreue,

Voll Friedens und voll Streites,
Voll Lüstens und voll Leides,
Voll Zorn und voller Segen,
Die längste Zeit gelegen.

Es wird gar bald geschehen,
Daß wir einander sehen
In einem reinern Lichte
Mit hellerm Angesichte.

Dann seid auch ihr genesen
Und führt ein neues Wesen
Im Jahr ohn Sprung und Schulden,
Neujahr von Gottes Hulden.

MANFRED HAUSMANN

Silvester

Die Orgel verströmt die ewigen Lieder.
Wir sitzen auf der Bank
und singen aus deinem Gesangbuch wieder
dem Jahr des Herrn einen Dank.

Gut war nicht nur, was es uns beiden
an leuchtenden Stunden gebracht,
gut waren die Bitternisse, die Leiden,
gut auch die Tränen zur Nacht.

Wir haben vereint am Fenster gestanden
und auf den Strom geschaut,
wenn Deich und Pappeln langsam schwanden,
vom Abend überblaut.

Dann wieder lag alles dunstverhangen,
fern huschte verhüllt ein Blitz.
Da sind wir im Zorn voneinander gegangen
todmüden, verzweifelten Schritts.

Die Dunkelheit ist innen nicht dunkel,
die Helligkeit innen nicht hell.
Unglück und Freude, Nacht und Gefunkel
verändern ihr Wesen schnell.

Vielleicht hat uns bei unserem Stehen
der Engel des Grams berührt,
vielleicht hat das Voneinandergehen
uns erst zusammengeführt.

Nun schickt die Orgel sich an zu schweigen.
Der Pfarrer tritt schwer hervor,
und seine bedachtsamen Füße steigen
die Treppe zur Kanzel empor.

JESSE THOOR

Das Sonett vom trübseligen Neujahr

Nun sind die Teller wieder leer vom trocknen Weihnachtskuchen.
Und ausgebrannt sind in der Kehle Pfefferminz und Slivowitz.
Der Reif liegt auf dem Dach und auf dem breiten Fenstersitz.
Und schlecht gelaunt sind Knecht und Magd und beide fluchen.

Und mürrisch tragen sie und aufgebracht die dürren Späne
zum Ofen hin und warten, bis die erste Flamme knistert.
Fast wie ein Mensch, der zornig ist und schlimme Worte flüstert,
und wild und drohend seine Fäuste zeigt und seine Zähne.

Denn wahrlich: schlecht war dieses Jahr. Wie soll das neue werden?
Nun so, wie alle Jahre, die gekommen und vergangen sind –
voll Bitterkeit und voller Last und Kränkung und Beschwerden.
Und dann zum Schluß ein sanftes Wort der Hirten ihren Herden:

»Seid brav, ihr Kinder, denn was Gott tut, das ist wohlgetan!
Und setzt dem Gutsherrn nicht aufs Dach den roten Hahn!«

HERMANN HESSE

Ansprache in der ersten Stunde des Jahres 1946

Liebe Freunde! Ein neues Jahr nimmt uns auf mit unbekannten Versprechungen und Bedrohungen, und wenn auch diese heutige Mitternachtsstunde nicht mehr bedeutet als jede beliebige Stunde unseres Lebens, so begehen wir sie doch als ein Fest, und zwar als ein ernstes Fest, und daran tun wir gut, denn jede Gelegenheit und Mahnung, uns für eine Stunde dem Alltäglichen zu entziehen und etwas wie Besinnung, Rück- und Vorschau, Prüfung und Selbstprüfung, Abrechnung und Einkehr anzustellen, ist in unserem rastlosen und verarmten Leben eine Wohltat. Allein schon die Besinnung auf das Rinnen der Zeit, auf die Vergänglichkeit unseres Lebens und unserer Unternehmungen, geschehe sie nun in Trauer oder in tapferer Freudigkeit, bedeutet etwas wie Reinigung und Prüfung, klingt klar und unerbittlich wie eine angeschlagene Stimmgabel in den Wirrwarr unserer Tage und zeigt uns, wie weit wir in unserem Innern etwa von der reinen Stimmung von unserem Platze in der Weltharmonie abgewichen seien. Es ist gut, zu Zeiten diese Stimmgabel anzuschlagen. Es ist auch dann gut, wenn wir dadurch beschämt und in unserem Selbstgefühl verletzt werden.

Und diesmal, so scheint es, ist das neue, das willkommene, das noch so unbefleckte Jahr etwas ganz Besonderes und Wichtiges. Nach Jahren des Schlachtens und Vernichtens ist es wieder die erste Neujahrsnacht für uns, in der kein Krieg ist, in der wir nicht die Welt voll von Höllen und Toden wissen, nicht mehr die großen Maschinen der Vernichtung hoch über uns im Finstern zu beklagenswerten Zielen streben hören. Zwar wagen wir ja kaum, das Wort »Friede« auszusprechen, zwar sind wir gegen diese uns noch ungewohnte Stille in der Luft voll Mißtrauen, aber auch dies Mißtrauen und diese Besorgnis um die Gebrechlichkeit und Bedrohtheit dieses und jedes Friedens kann und wird uns helfen, der schönen und bangen Stunde unser Opfer zu bringen, indem wir einen Blick der Besinnung auf die Welt und auf uns selber werfen.

Wieder einmal haben wir uns einige Jahre lang daran gewöhnt, nicht gewöhnliche und private Jahre, nicht Menschenzeit und Menschenleben zu erleben, sondern »Weltgeschichte«, und wieder, wie nach allen sogenannten »großen« Zeiten, haben wir vor dieser Weltgeschichte einen großen Schauder und Ekel bekommen. Wie klang uns, als wir noch Schulknaben oder Jünglinge waren, das Wort »Weltgeschichte« prächtig und vielversprechend, wie manchmal sehnten wir Kinder uns danach, diese herrliche Weltgeschichte, die wir nur aus Büchern und Bildern kannten, wirklich mitzuerleben, ja mitzumachen! Ach, danach sehnt sich nun keiner mehr von uns. Bitter haben wir erkannt, daß die wirkliche Weltgeschichte nicht jene der Schulbücher und illustrierten Prachtwerke ist, nicht eine Perlenschnur von großen Taten, sondern eine Flut, ein Ozean von großen Leiden. Wie sehr haben wir genug von all dem Großen, womit uns die Weltnachrichten nun jahrelang jeden Tag überschüttet haben, von der

großen Zeit, von den größten See- und Land- und Luftschlachten aller Jahrhunderte, von dieser gespenstisch-schauerlichen Hetze von Rekorden des Entsetzlichen!
Es ist aber mit der Weltgeschichte nicht anders als mit dem Leben und Menschentum überhaupt. So wie wir gelernt haben, in der Weltgeschichte diejenigen Zeiten für die schönsten zu halten, in denen man am wenigsten von der Weltgeschichte merkt, so hat jeder von uns auch in seinem privaten Leben es allmählich gelernt, die stillen und harmonischen Zeiten den stürmischen vorzuziehen, wobei das Maß, nach dem wir messen und werten, nicht das irgendeiner Philosophie ist, sondern ganz einfach das Maß unseres persönlichen Wohlbefindens. Das ist unheroisch und banal, aber es hat etwas für sich, es ist wenigstens aufrichtig.
So wäre denn also unser Leben am heitersten, wenn möglichst wenig darin los ist, und die Welt am glücklichsten, wenn sie gar keine Geschichte, sondern nur ein Dasein hat? Bei diesem Gedanken zucken wir schon wieder zurück, er blickt so ärmlich und gemein, er ist uns eben doch nicht annehmbar. Und es fallen uns nun, aus lange unbenutzt gebliebenen Kammern des Gedächtnisses, manche Sprüche und Verse der Weisheit ein, etwa von Goethe der Spruch, daß nichts schwerer zu ertragen sei als eine Reihe von guten Tagen. Ach, und doch wünschen wir uns die guten Tage so sehr! Aber die Weisheit behält trotzdem recht: Der Mensch ist voll Verlangen nach Glück und erträgt doch das Glück nicht lange Zeit. So ist es im Leben des Einzelnen, das Glück macht ihn müde, macht ihn träg, nach einiger Dauer ist es überhaupt kein Glück mehr! Es ist eine schöne, lie-

benswerte, aber sehr verwelkliche Blume, das Glück. Vielleicht ist es auch in der Weltgeschichte so, und es muß die kleine Zahl und kurze Dauer der Epochen, die uns wohltemperiert und beneidenswert scheinen, durch den Jammer und die Blut- und Tränenströme der Weltgeschichte erkauft werden.

Aber was sollen wir uns dann eigentlich wünschen, wenn es nur die Wahl zwischen den Höllen des heroischen und den Kleinlichkeiten des geschichtslosen Lebens gibt?

Wir könnten darüber lang nachsinnen und am Ende doch keine Antwort finden, wenn uns nicht einfiele, daß die Frage nach dem, was wir uns wünschen sollen, falsch gestellt, ja daß es eine ganz unnütze Frage ist, eine rechte Kinderfrage. Das lange Kriegsgetöse hat uns etwas kindisch gemacht, so scheint es, etwas kindisch und primitiv, wir haben seit einer guten Weile fast alles vergessen, was die großen Lehrer der Menschheit gefunden und gelehrt haben. Sie lehren ja alle das Gleiche, seit Jahrtausenden, und jeder Theologe oder auch jeder humanistisch Gebildete könnte es uns mit klaren Worten sagen, einerlei, ob er mehr zu Sokrates oder zu Lao Tse, mehr zu dem leidlos lächelnden Buddha oder zu dem Heiland mit der Dornenkrone neigt. Sie alle, und überhaupt jeder Wissende, jeder Erweckte und Erleuchtete, jeder wahre Kenner und Lehrer des Menschentums hat das Gleiche gelehrt, nämlich daß der Mensch sich nicht Größe noch Glück, nicht Heldentum noch süßen Frieden, daß er sich überhaupt nichts wünschen soll, nichts als einen reinen, wachsamen Sinn, ein tapferes Herz und die Treue und Klugheit der Geduld, um damit so Glück wie Leiden, so Lärm wie Stille zu ertragen.

Diese guten Gaben wollen wir uns wünschen. Sie haben alle den selben Ursprung. Sie kommen von Gott, sie sind nichts anderes als der Gottesfunke in einem jeden von uns. Wir spüren den Funken nicht jeden Tag, wir spüren ihn oft lange Zeiten nicht und vergessen ihn, aber es kann ein einziger Augenblick ihn uns plötzlich wieder schenken, manchmal ein Augenblick des Schreckens und der Verzweiflung, manchmal ein Augenblick seligster Stille: der Blick ins Geheimnis eines Blumenkelches, das Horchen auf ein paar Takte Musik, das vertrauensvoll zu uns aufgeschlagene Auge eines Kindes. In diesen Augenblicken, denen hoher Lebensnot und denen stillster Aufgeschlossenheit, weiß jeder von uns, auch wenn er es mit Worten nicht sagen kann, das Geheimnis alles Wissens und alles Glücks, das Geheimnis der Einheit. Daß Gott, der Eine, in jedem von uns lebt, daß jeder Fleck Erde uns Heimat, jeder Mensch uns verwandt und Bruder ist, daß das Wissen um diese göttliche Einheit alle Trennung in Rassen, Völker, in Reich und Arm, in Bekenntnisse und Parteien als Spuk und Täuschung entlarvt – das ist der Punkt, auf den wir zurückkehren, wenn furchtbare Not oder zarte Rührung unser Ohr geöffnet und unser Herz liebefähig gemacht hat.

Wir wollen diesen innern Frieden uns und allen wünschen: denen, die in dieser Stunde in ihrem sichern Hause zu Bett gehen und denen, die ohne Haus und Bett das Elend und die Not schmecken müssen. Wir wünschen ihn den Siegern, damit ihr Sieg sie nicht stolz und blind mache, und den Besiegten, daß sie das ihnen zugekommene Leid nicht schelten und auf fremde Köpfe hinweg wünschen, sondern bereit sind, es zu leiden und Gottes Stimme in ihm zu vernehmen.

Wir sind eines dauernden Lebens in diesem Frieden und in dieser guten, einfachen Erkenntnis nicht fähig, oder nur die seltenen Heiligen, das wissen wir alle und haben uns dessen hundertmal geschämt. Aber wenn wir einmal wissen, daß der Weg zu einem höhern und edlern Menschentum einzig durch diese Schule führt, durch das immer wiederholte Erlebnis der Einheit, durch die immer erneute Einsicht in die einfache Wahrheit, daß wir Menschen Brüder und göttlicher Herkunft sind, wenn wir einmal richtig von diesem Blitz erweckt und verwundet sind, dann können wir nicht wieder vollkommen einschlafen und wieder ganz und gar in den Fiebertraum der Geisteshaltung verfallen, aus der die Kriege, die Rassenverfolgungen und alle Bruderkämpfe zwischen Menschen kommen.

Wir haben nun Jahr um Jahr das Schauerliche, das oft kaum mehr Erträgliche mitangesehen, und andere, weniger Bevorzugte als wir, haben es mit allen seinen leiblichen und seelischen Qualen erleiden müssen, leiden es da und dort noch jetzt – da sind unter Blut und Tränen vielen die Meinungen und Einteilungen abhanden gekommen, nach denen der Durchschnittsmensch in bequemen Zeiten sich die Welt zurechtlegt, viele sind erwacht, vielen hat das Gewissen geschlagen, viele haben sich gelobt: wenn ich das überlebe, werde ich ein anderer und besserer Mensch sein. Es sind, heute wie immer, die homines bonae voluntatis, die Menschen, die eines guten Willens sind, ihnen hat sich Gott kundgetan, ihnen hat sich ein Stück des Weltgeheimnisses entschleiert, ihnen allein, und nicht irgendwelchen Nationen, Ständen, Bünden oder Organisationen, ist die Zukunft anvertraut, sie allein haben die geheime Kraft des Glaubens.

Einst in einer schlaflosen Nacht, schlaflos, weil ich unter dem ersten Eindruck der unter Hitler geschehenen Greuel stand, habe ich ein Gedicht geschrieben, in dem ich, dem Grauen zum Trotz, meinen Glauben zu bekennen versuchte. Die letzten Verse des Gedichtes lauten:

Darum ist uns irrenden Brüdern
Liebe möglich noch in der Entzweiung,
Und nicht Richten und Haß,
Sondern geduldige Liebe,
Liebendes Dulden führt
Uns dem heiligen Ziele näher.

GÜNTER EICH

Erster Januar

Nur ein Kalender spricht morgens vom neuen Jahre,
die Wände wissen, daß nichts Neues beginnt.
Draußen die Wolken flattern wie immer
so leicht wie Haare,
und an die Fenster greift mit denselben Händen
der Wind.

März und April wird kommen, und später
füllt dich ein Tag mit ewigen Stunden aus,
fällt mit Himmel und mit geblähter
Wolke in deine Hände und in dein Haus.

Manchmal erblickst du dich nachts in einem
Spiegel,
das Gesicht undeutlich von Altern erfüllt,
wie ein verblichener Brief mit nie geöffnetem Siegel,
der immer die gleiche Schrift verhüllt.

Alle Tage sind neu und sind Jubiläen,
aber der Schmerz ist fern,
und du hast von den ewigen Trophäen
nur noch den Abendstern.

ERICH KÄSTNER

Spruch für die Silvesternacht

Man soll das Jahr nicht mit Programmen
beladen wie ein krankes Pferd.
Wenn man es allzu sehr beschwert,
bricht es zu guter Letzt zusammen.

Je üppiger die Pläne blühen,
um so verzwickter wird die Tat.
Man nimmt sich vor, sich zu bemühen,
und schließlich hat man den Salat!

Es nützt nicht viel, sich rotzuschämen.
Es nützt nichts, und es schadet bloß,
sich tausend Dinge vorzunehmen.
Laßt das Programm! Und bessert euch
drauflos!

ERICH KÄSTNER

Neujahrsrede auf dem Balkon

Liebe Freunde! Es ist wieder einmal soweit. Die Glokken erklingen. Auf Mittelwelle. Die Glocken von Köln, Reims, Ulm, Chartres, Rom, Wien und Westminster. Der Empfang ist hervorragend, nicht? Als ob man gleichzeitig überall wäre! Was sagen Sie? Die Glocken unserer Pfarrkirche nebenan läuten auch? Was Sie nicht sagen! Haben Sie übrigens gelesen, daß sich die Gemeinde von Zwischenkiefersfelden eine Lautsprecheranlage gekauft hat? Und ein Tonband mit dem Glockengeläute des Mailänder Doms? Das ist billiger als eigne Glöckchen. Und macht mehr her. Tja. O du fröhliche, o du selige alexandrinische Neujahrszeit!

Hat jeder seinen Punsch? Dann laßt uns den Balkon beschreiten! Hinaus auf den Balkon! Hinein ins neue Jahr! Zuvor pflückte sich jeder eine Eisblume vom Fenster! Den Herren ins Knopfloch! Den Damen ins Haar! Ready? Na denn. Nach Ihnen, Frau Direktor! Fallen Sie nicht über den Christbaum! Wir mußten ihn hinaustun. Schon am zweiten Feiertag gingen ihm die Haare aus. Trilysin für Christbäume gibt's noch nicht. Na, das kommt noch. So sicher wie der Reißverschluß für künstliche Kachelöfen. Der Fortschritt schreitet fort. Wo sollte er sonst auch hin?

Es schneit sogar ein bißchen! Wunderbar, diese Natur! Und tatsächlich! Drüben vom Kirchturm läutet's! Reims klingt allerdings besser. Das muß man Reims lassen. Na ja. Herr Doktor Stopfkuchen beniest es. Prost, Stopfkuchen! Und überhaupt und allerseits: Prosit! Auf gut deutsch: Es möge nützen! Anna! Schenken Sie nach! Ich will eine Rede halten! Eingedenk der unwiderlegbaren Bemerkung Ciceros in De senectute: »Reden sind dazu da, daß sie gehalten werden.«

Das Wichtigste beim Reden einer Rede ist die Disposition. Beim Einläuten eines neuen Jahrs bieten sich, praeter propter, vier Möglichkeiten. Betrachten wir sie näher! Möglichkeit Nummer I lautet: Das alte Jahr war schlimm, das neue kann nur besser werden. Dieser Gesichtspunkt hat manches für sich. Möglichkeit Nummer II heißt: Das alte Jahr war gut, das neue kann nur ärger geraten. Auch eine solche Behauptung ist nicht von der Hand zu weisen. Möglichkeit Nummer III besagt: Das alte Jahr war gut, das neue wird noch besser. Möglichkeit Nummer IV kehrt den Satz ins Gegenteil und lautet: Das alte Jahr war arg genug, doch das neue wird noch viel schlimmer werden. Und man muß zugeben, daß auch diesen beiden Möglichkeiten eine gewisse Berechtigung nicht abgesprochen werden kann. Prosit! Anna! Schenken Sie nach!

Vier Möglichkeiten, das neue Jahr zu begrüßen. Vier wackre Gesichtspunkte, liebe Freunde. Einen einzigen zu wählen, wäre unbillig. Um alle vier zu berücksichtigen, dafür ist es zu kalt. Da ich gerecht sein möchte und nicht will, daß wir uns erkälten, wird es das beste sein, wenn schon nicht auf die Rede, so doch auf eine Disposition zu verzichten. Prosit! Anna! Schenken Sie nach!

Die Ruine gegenüber hat etwas Faszinierendes, finden Sie nicht? In silbernes Mondlicht getaucht. Märchenhaft. Und aus dem Schornstein, der versehentlich stehen geblieben ist und mich manchmal an einen erhobenen Zeigefinger erinnert, steigt Rauch in den Himmel. Das muß Sie nicht wundern. Im Keller wohnen ein paar Leute. Arme Leute, ja. Aus Böhmen. Seit sieben Jahren. Sie leben mit der Ruine um die Wette. Das heißt, die Eltern des Einbeinigen sind mittlerweile gestorben. Aber es sind Kinder da. Tja, im Keller geboren. Die Menschheit ist nicht totzukriegen. Darauf müssen wir anstoßen. Anna! Schenken Sie nach! Prosit, liebe Freunde! Auf gut deutsch: Es möge nützen! Was sagen Sie? Fein! Alle mal herhören: Der Kaffee steht auf dem Tisch! Mit Christstollen! Nach altem Dresdner Rezept! Das Zeug wird von Woche zu Woche besser! Man muß ihn in nasse Tücher wickeln. Das ist das ganze Geheimnis. Und mit viel Butterschmalz backen. Klar. Glücklicherweise gibt's das ja alles wieder. Dann also, hinein in die gute Stube! Ich komme gleich nach. Will nur rasch noch dem Mond gute Nacht sagen! Alte Gewohnheit von mir!

Der Hausherr zum Mond: »Gute Nacht, du alter Geselle!« Der Mond zum Hausherrn: »Glückliches Neues Jahr, Herr Mittenzwei!«

GEORG BRITTING

Silvester

Geht ein jeds Jahr listig dahin wie dieses,
Mit den zweiundfünfzig gewohnten Wochen,
Und, zähl nach! dreihundertfünfundsechzig
Eiligen Tagen,

Die in Morgen, Mittag und Abend schlau sich
Teilen, unbemerkt zu entwischen? Wär die
Nacht nicht mit den dauernden Sternen, wer
denn
Käm zur Besinnung?

Naht sich jetzt Silvester, der Jahreswender,
Mit dem Sack voll pfeffriger Nüsse, hofft das
Ewig unerschütterte Herz, vielleicht sei
Diesmal auch Spielzeug

Und ein wenig Süßigkeit drin: wie
Kinder sind wir, lieben die neue Puppe
Mit dem rosenwangigen Antlitz, das uns
Glasäugig anschaut.

GOTTFRIED BENN

1956

Ich erinnere mich der Silvesternacht, in der das jetzige Jahrhundert sich erhob. Diese Nacht lag über einem Dorf jenseits der Oder-Neiße-Linie. Es war für die damalige so glückliche Welt eine Sensation, daß ein neues Jahrhundert begann. Alles wachte, alles feierte, die Kirchenglocken läuteten um Mitternacht, man erwartete irgend etwas ganz Besonderes, eine Art Anbruch des Paradieses innen und außen. Mein Vater trat aus seinem Pfarrhaus und umarmte den Dorfschulzen, einen großen reichen Bauern, alles umarmte sich, es war eine schnee- und regenlose Nacht, es war ein großes Ereignis.
Ich erinnere mich an eine Silvesternacht im Ersten Kriege. Wir waren in einer glänzenden eleganten Stadt, einer Hauptstadt. In der berühmten wunderbaren weißen Kathedrale fand die Mitternachtsmesse statt. Das Land war katholisch, der Dom war überfüllt, die meisten mußten stehen, wir fremden Soldaten standen in Uniform zwischen ihnen, und alles gehörte in dieser Nacht zusammen.
Ich erinnere mich an eine Silvesternacht im Zweiten Krieg. In einer kleinen Stadt im Osten, im Warthegau. Es war in einer Kaserne. Ein schneereicher Dezember war gewesen, ungewöhnliche Kälte herrschte seit Wochen, Frost – und wir hatten nichts zu heizen. Wir hatten hundert Gramm Streichmettwurst als

Sonderzulage erhalten und Bratlingspulver. Damals feierte man nicht Weihnachten sondern Wintersonnenwende, und die Kommandeure hatten in der Neujahrsparole über Erneuerung des Lichts zu sprechen. Am Morgen war ein schwerer Angriff auf Berlin gewesen, und man fragte sich, ob die Wohnung noch stünde und was von den wenigen Bekannten, die dort lebten, übriggeblieben war.

1900, 1914, 1944, drei Silvesternächte! Drei Silvesternächte, alle in diesem Europa, in diesem Abendland, tief und gleisnerisch, universal und abstrakt, Olymp und Golgatha, Leda und Maria. Drei Silvesternächte, sie umschließen zwei Generationen, zwei verwundete Generationen, denen alles fraglich wurde, für die es zwar wieder Komfort, aber keinen Inhalt mehr gibt. Ich überblicke am heutigen Neujahrsmorgen 1956 diese alten Silvesternächte, ihre geschichtliche Silhouette, ihr menschliches Geschehen. Welche Flüge der Dämonen, welche Gespinste der Parzen! Ich überblicke sie im Geiste und im Sinne eines bedeutenden, Deutschland sehr verbundenen Ausländers, dessen Tod wir gerade betrauern. Er hatte ein sehr ernstes Anliegen an diese Generation und ihr Geschick. Er schrieb am Schluß seines Lebens über ihre Lage: »Das archaische Heimweh nach der Herde setzt ein, man strebt zum Hirten, zum Wachhund hin. Der Staat ist der Hirte, und vom Hirten müssen wir wegstreben, wenn wir wieder wirklich Europäer, freie nach den höchsten Zielen strebende Individuen werden wollen. Der Geist darf nicht als öffentliche Angelegenheit verwaltet werden, der geistige Mensch, wenn er seine Aufgabe erfüllen will, muß sich wieder absondern.« Soweit dieser Autor. Sich absondern – das klingt vielen nicht gut, das klingt vielen provokatorisch und wahlurnenfeindlich, ist es aber nicht, es handelt sich vielmehr um etwas Innerliches, das man lange vergaß: Im Anfang war das Wort und nicht das Geschwätz, und am Ende wird nicht die Propaganda sein, sondern wieder das Wort. Das Wort, das bindet und schließt, das Wort der Genesis, das die Feste absondert von den Nebeln und den Wassern, das Wort, das die Schöpfung trägt. Der Autor, dessen Sätze ich zitierte, ist Ortega y Gasset, und ich schließe mich mit allen Hoffnungen für das neue Jahr diesen seinen Sätzen hiermit an.

HILDE DOMIN

Banges Neujahr

Das tiefere Rot der Hyazinthe die stirbt:
die Schwermut steigt in dem Stengel,
ihr dunkler Saft
Pegel des Tods in der Dolde.

Weihnachten ist dahin,
alle Kerzen sind niedergebrannt,
Wachsflecken auf dem Tischtuch.
Das Kind, das Neue Jahr,
regt sich nicht in der Krippe.
Wir warten auf sein Lächeln,
wir warten auf seinen Schrei,
wir halten den Atem vor Angst.
Die Nacht ist so naß,
so sternenlos,
die Reiser blühn,
die Hyazinthe stirbt.
Das Wunder
– kaum ein Glänzen am Horizont –
geht in weiter Ferne vorüber.

SIEGFRIED LENZ

Silvester-Unfall

Träge hockte sie neben der schwach leuchtenden Tischlampe, das Gesicht auf die Tür zur Küche gerichtet. Sie hörte ihn in der Küche hin und her gehen, hörte ihn in erzwungener Fröhlichkeit mit sich selbst reden – wobei sie spürte, daß alles, was er vor sich hinredete, für sie bestimmt war –, und während sie horchend dahockte, in dem großgeblümten Kittel, mit den massigen Schultern und ihrer trägen Verzweiflung, dachte sie, daß es sein letztes Silvester war. Das Licht der Lampe schnitt einen Halbbogen aus ihrem Körper heraus, erhellte eine Hälfte des knolligen, kartoffelartigen Gesichts, des schlaffen Halses; das Licht fiel auf die linke Seite ihres formlosen Körpers, auf die lose im Schoß ruhenden Hände und weiter hinab auf die Füße, die in altmodischen, kaum getragenen Schuhen steckten. Sie zuckte zusammen, wenn in der Küche eine Schranktür zuflog, griff forschend nach ihrem Knoten im Nacken, besorgt, daß er sich gelöst haben könnte, und legte die Hände wieder in den Schoß. Sie wartete dort, wo er sie niedergedrückt hatte auf den Hocker, bevor er in die Küche gegangen war: den Rücken gegen die Nähmaschine gelehnt, die geschwollenen Beine auf einer Fußbank, und griffbereit unter der Lampe ein Glas Rotwein, das er ihr als Trost dafür hingestellt hatte, daß sie aus der Küche verbannt war. Die alte Frau rührte das Glas nicht an.

Hinter ihrem Rücken lief das Radio. Die Alte hörte nicht zu: geduldig blickte sie auf die braune Tür zur Küche, hinter der Topfdeckel klappten, Geschirr klirrte, sie horchte auf das heftige Rattern des Wasserhahns, erschauerte, wenn Mummer in gewaltsamer Vergnügtheit seine Selbstgespräche begann, oder legte beschwichtigend einen Ellenbogen über ihre schwere Brust, sobald es in der Küche still wurde. Dann, als sie es nicht vermutete, öffnete er die Tür und trat mit leicht vorgestreckten Händen in den Türrahmen.

Eine warme Essenswolke strömte an Mummer vorbei in die Stube, und er stand da in seinem alten, schäbigen Kellnerfrack: ausgezehrt, schwärzlich im Gesicht, gewaltsam grinsend, ein leichter Mann mit einer Jockey-Figur, alt und doch von unschätzbarem Alter; seine Stirn war schweißbedeckt. Triumphierend sah er die Frau an, rieb die Handrücken am Frack ab; dann ging er tänzelnd auf sie zu, zog sie vom Hocker und bot ihr seinen Arm.

»Ich lasse bitten«, sagte er.

»Rudolf, Rudolf«, sagte die Frau, und auch in ihrer Stimme lag träge Verzweiflung. Sie schlappte an seiner Seite durch die Stube, fühlte das Zittern seines Arms, den kalten Druck des Rings in ihrer Hand, und sie sah, daß auf seinem Gesicht immer noch das gewaltsame Lächeln lag, starr und unverändert, so als sei es hineingeschnitten worden in die schwärzliche Haut seines Gesichts. Zusammen gingen sie in die Küche an den Tisch, den Mummer gedeckt hatte.

»Rudolf«, sagte sie, »Rudolf«, sagte es kopfschüttelnd, mit müdem Vorwurf, doch er hörte es nicht, bugsierte sie um den Tisch herum zu ihrem Stuhl wie

ein Schlepper, der eine schwerfällige Schute an die Pier drückt.
Mummer legte die Hände auf ihren gewölbten Rükken, zwang sie sanft nieder. Dann trug er das Essen auf den Tisch, das er zubereitet hatte: wiegend den Teller mit geriebenem Meerrettich, in kreisendem Schwung die Schüssel mit den Kartoffeln, die Buttersauce, glasig-gelb, und zuletzt fischte er aus einem Topf gedünstete Karpfenstücke, ließ sie abtropfen und packte sie triumphierend auf angewärmte Teller. Eifrig bediente, versorgte er sie, mit dem berufsmäßigen Eifer und dem Handtuch über dem Arm, so wie er vor ihr die halbe Welt bedient hatte: die von der Seeluft ewig hungrigen Passagiere der *Patria*, die Besucher der Zoo-Gaststätten, jahrelang, später die wissensdurstigen Kunden im Landungsbrücken-Restaurant, und nach dem Krieg, als sie ihn in den Wartesaal holten, die ungeduldigen Reisenden, denen er mit Eifer und Handtuch Heißgetränke servierte, gestowte Rüben. Lässig setzte er die Teller mit den Karpfenstücken auf den Tisch. Es waren die flach aufgeschnittenen Kopfstücke, von denen eine dünne Dampfwolke hochstieg. Die Augen waren geronnen, quollen weißlich hervor; das Maul war offen wie in grinsender Gier, die Haut des Fisches hatte eine blaßblaue Färbung. Die Frau starrte auf ihr Kopfstück, an dem Gewürznelken klebten, Pfefferkörner, sie glaubte durch den Dampf das Kopfstück grinsen zu sehen, und sie hob die Hände auf den Tisch und schob den Teller behutsam von sich fort. Mummer merkte es nicht, er entkorkte eine Weinflasche, füllte die Gläser und lächelte triumphierend und hob sein Glas:
»Auf unser Silvester, Lucie.«

»Rudolf«, sagte sie.
Sie tranken und sahen sich dabei an.
»Ich sollte eine Rede halten«, sagte er.
»Nicht, jetzt nicht.«
»Eine Rede auf unsern Silvesterkarpfen.«
»Tu es nicht, Rudolf.«
»Ich sollte sagen, daß das Alter des Karpfens nach Sommern gerechnet wird, daß er aber nur im Winter schmeckt.«
»Ja, ja.«
»– und daß es im Winter keinen Tag gibt, an dem der Karpfen so schmeckt wie an Silvester.«
»Hör auf«, sagte die Frau, »sei endlich still. Ich will vom Sommer nichts wissen und nichts vom Winter. Von mir aus können sie alle Karpfen zu Seife machen.«
Heftig schob sie ihren Teller noch weiter über den Tisch, nah zu ihm hin.
»Es ist Silvester«, sagte er.
»Ja . . . ja, ich weiß, ich seh es dir an, daß Silvester ist. Du siehst aus wie Silvester persönlich.«
Zum ersten Mal verschwand das gewaltsame Lächeln auf seinem Gesicht, er saß jetzt gekrümmt da, die knochigen Handgelenke gegen die Tischkante gestützt, den Blick auf den ziehenden Dampf gerichtet, der aus den Fischstücken hochstieg. Er fror. Er nahm einen Schluck aus seinem Glas, stand auf und trat schräg hinter ihren Stuhl, in der Haltung, in der er sein Leben lang schräg hinter Stühlen gestanden hatte: höflich, erwartungsvoll und bereit. Und da der massige Rücken sich nicht bewegte, das knollige Gesicht sich nicht umwandte zu ihm, ging er dicht an die Frau heran, beugte sich vor, beugte sich so weit über den Tisch, bis sie ihn bemerkte, und dann sagte

er – als wolle er sie auf die Spezialität des Hauses aufmerksam machen –: »Ich weiß, Lucie, ich weiß, daß sie mir höchstens noch ein halbes Jahr geben. Sie haben es mir nicht gesagt, ich habe es erfahren, zufällig ... Aber ich werde ihnen zeigen, daß sie sich verschätzt haben; ich werde es bestimmt bis zum Herbst schaffen, Lucie, bis zum zweiten Oktober ... Wenn ich fünfundsechzig bin, bekommen wir von der Versicherung das ganze Geld ... dann müssen die blechen und voll auszahlen. Vielleicht denken sie, daß sie mit der Hälfte wegkommen, wenn ich vor dem fünfundsechzigsten sterbe ... aber diesen Gefallen tue ich ihnen nicht ... Ich werde es schaffen, Lucie ... du kannst dich auf mich verlassen ... Ich werde ihnen nicht die Freude machen, dir nur die Hälfte auszuzahlen ... diese Schakale in ihren Glashäusern ...«

Über ihnen wurde die Spülung eines Klosetts gezogen, rauschend schoß das Wasser durch die Rohre, es gluckerte in der Wand, dann schlug eine Tür zu, und es war wieder still. Draußen war es dunkel geworden. Das Schneetreiben und der Wind hatten nachgelassen. Schwarz und schlaff stand das Catcherzelt auf dem Ruinenplatz, wie ein Segel, ein Segel der Nacht, das keinen Wind fand.

»Glaub mir, Lucie, ich schaffe es.«

»Klar«, sagte die Frau, »was denn sonst.«

Sie betastete den Knoten, zu dem ihr dünnes Haar im Nacken zusammengesteckt war, strich den Kittel glatt und angelte sich von der anderen Tischseite den Teller mit dem Karpfenkopf; munter krümelte sie Meerrettich auf ihren Teller, packte Kartoffeln auf, goß glasige Buttersauce über das Karpfenstück, alles mit heiterer Ungeduld, kleine Zischlaute aussto-

ßend, und als sie fertig war, sah sie ihn verwundert an, weil er immer noch schräg hinter ihrem Stuhl stand, in der Haltung höflicher Bereitschaft. Jetzt erschien ein unsicheres Lächeln auf seinem Gesicht, er verbeugte sich, ging schnell zu seinem Stuhl und füllte ebenfalls seinen Teller. »Hoffentlich schmeckt der Fisch«, sagte er.
»An solchem Tag muß er schmecken.«
Sie aßen, sahen sich immer wieder an; die alte Frau schnaufte, stieß Zischlaute des Behagens aus, nickte in nachsichtiger Anerkennung. Er trank ihr zu, steif, wortlos, mit vorgeneigtem Oberkörper, wie sie sich auf dem Schnelldampfer *Patria* zugetrunken hatten. Die Frau räumte die Backen des Fischkopfes aus, nahm den Kopf und belutschte ihn gewissenhaft und wischte die klebrigen Finger am Kittel ab.
Plötzlich wandten beide gleichzeitig das Gesicht zur Tür, schnell, erschrocken, sahen dorthin, ohne etwas vernommen zu haben, in dem geheimen, blitzschnellen Einverständnis, mit dem Vögel gleichzeitig auffliegen, und sie erblickten einen jungen Mann an der Tür, der lässig dalehnte, blond, schmalbrüstig, eine Zigarette schräg übers Kinn und die Arme vor der Brust verschränkt.
»Oh, Ben«, sagte die Frau, »warum mußt du immer so leise gehen? Warum mußt du uns immer erschrekken? Wer soll dir das nur abgewöhnen?«
»Ein Schleicher ist er«, sagte Mummer.
»Kann man noch was zu essen kriegen?« fragte Ben.
»Ich denke, du hast gegessen.«
»Nur Brot, keinen Karpfen. Ruth wird sicher auch gleich kommen, ich traf sie unten am Zelt.«
»Dann sind alle beisammen«, sagte die Frau.

Ben kniff die Zigarette über dem Ausguß aus, hängte schweigend sein Jackett über die Stuhllehne, beobachtete seinen Vater, der ein Karpfenstück aus dem Topf fischte, es schwungvoll servierte und schräg hinter Bens Stuhl stehenblieb; und nachdem er einen Augenblick dort gestanden hatte, sagte er: »Mehr gibt's nicht. Iß langsam, damit du etwas davon hast.«

Während Ben aß, leerte er den Grätenteller, goß der Frau Wein ein, stellte noch einen sauberen Teller auf den Tisch und legte einige Stücke auf, die er bereits auf seinem Teller entgrätet hatte.

»Für wen is'n das?« fragte Ben.

»Für deine Schwester«, sagte Mummer.

»Ich denke, Ruth hat schon gegessen.«

»Satt wird man nur zu Hause.«

Er stellte den Teller auf die Herdplatte, deckte einen Aluminiumdeckel über ihn. Dann ging er ans Fenster, stemmte beide Arme gegen die feuchten Wände und sah hinab in die schwarze Schlucht des Hofes, der zur Straße hin offen war und in den Ruinenplatz überging, auf dem das Catcherzelt stand. Die elektrischen Bogenlampen über der Straße blinkten jetzt klar und kalt.

Im Raum unter der Küche begann ein Grammophon zu spielen, durch den Fußboden, den Linoleumbelag hindurch hörten sie die Stimme des Sängers, der darüber klagte, daß die Sterne zu weit sind, zu weit ... Er fand keinen Trost für die Entfernung, seine Stimme wand sich in melodiöser Qual und konnte auch zum Schluß nichts Angenehmeres mitteilen, als daß die Sterne zu weit sind, zu weit. Vom Flur her erklangen Schritte, gingen vorüber, Schlüssel klimperten, eine Tür schnappte auf und fiel zu.

»Ruth«, sagte Ben, »jetzt ist sie nach Hause gekommen.«
In diesem Augenblick trat Ruth in die Küche. Sie war siebzehn, hochhüftig, ihr Körper schmächtig; das hübsche Gesicht unter dem verstrubbelten Haar hatte etwas Verstohlenes und Räuberisches, einen Ausdruck von versteckter Wachsamkeit. Sie trug einen roten, sackförmigen Pullover, schwarze Hosen, die eng an den Schenkeln saßen, über den Knien ausgebeutelt waren, und ihre Füße steckten in schiefhackig gelatschten Wildlederschuhen. Erschöpft ließ sie sich mit dem Rücken gegen die Wand fallen, pustete mit vorgeschobener Unterlippe über ihr Gesicht, kam dann schlaksig näher.
»Auf dem Herd steht ein Teller für dich«, sagte Mummer.
»Karpfen, ich weiß. Man riecht es schon im Hausflur ... Na, du herrlicher Bruder? Schmeckt es? Dann will ich dich nicht allein essen lassen.«
Sie setzte sich an den Tisch, wollte wieder aufstehen, um den Teller zu holen, doch da war Mummer schon am Herd: flink, mit lächelndem Eifer bediente er Ruth, brachte den Meerrettich in ihre Nähe, die Buttersauce, auf der jetzt gelbliche Flocken schwammen, ging hin und her hinter ihrem Stuhl, schenkte ein Glas halbvoll ein, wedelte mit dem Handtuch Krümel vom Tisch. Unten erfolgte eine Explosion am Catcherzelt, hart wie ein Hammerschlag. Die Fenster klirrten leise. Sie beachteten die Explosion nicht, hoben nicht einmal den Kopf; schweigend aßen sie zu Ende, tranken die Gläser aus, während Mummer sie unaufhörlich, mit lächelnder Beflissenheit bediente.
Nach dem Essen räumten sie nicht weg, stellten nur

die Teller zusammen, warfen die Bestecke in die Kartoffelschüssel und gingen in die Stube. Ruth suchte Musik im Radio, auch aus dem Radio kam die klagende Stimme des Sängers, der aufschluchzend feststellte, daß die Sterne zu weit sind, zu weit. Mummer bugsierte die alte Frau zu ihrem Hocker neben der schwach leuchtenden Tischlampe. Er drückte sie nieder, schob die Fußbank unter ihre geschwollenen Füße, legte das Strickzeug in ihren Schoß. Ben stand unentschlossen an der Tür.

»Was ist denn?« fragte Ruth. »Ich denke, heut ist Silvester.«

»Auf den Tag genau«, sagte Mummer.

»Es sieht aber gar nicht so aus. Es passiert überhaupt nichts... Ben, merkst du etwas von Silvester bei uns?«

»Ich verzieh mich«, sagte Ben, »weckt mich zur Knallerei.«

»Nein, bleib hier, wir werden irgendwas machen. Wir können doch nicht so sitzen und warten, bis es zwölf ist. Silvester ist doch nicht zum Warten da, oder?«

»Mach'n Vorschlag«, sagte Ben.

»In einer Stunde spricht der Kanzler«, sagte Mummer.

»Wer?« fragte Ruth.

»Ihr könntet Blei gießen«, sagte die Frau.

Sie beschlossen, Blei zu gießen. Ben sägte in der Küche von einem Bleirohr schmale Scheiben herunter, schnitt die Scheiben mit dem Messer kaputt, während Ruth eine Schüssel mit Wasser, ein Licht und einen alten Löffel in die Stube brachte. Sie setzten sich auf den Boden zu Füßen der alten Frau, auch Mummer in seinem schäbigen Kellnerfrack setzte

sich und zündete das Talglicht an; flackernd warf das Licht ihre vagen Schatten an die Wand, auf ovale Familienbilder, einen gerahmten Ehrenbrief, auf den farbigen Druck des Schnelldampfers *Patria* – ließ die abgesägten, scharfkantigen Bleistücke an den Schnittflächen aufblitzen, als Ben eine Handvoll auf den Sisalteppich rollte; dann legte Ruth den Löffel neben das Blei und zog ihre Hand schnell zurück.
»Und was kommt jetzt?« fragte sie.
»Der Anfang«, sagte Mummer.
»Ich fange nicht an.«
»Einer muß anfangen.«
»Ben.«
»Und wer erklärt uns das Zeug?« fragte Ben.
»Mutter kann das am besten«, sagte Ruth.
Ben nickte, nahm den Löffel, legte stumm zwei Bleistücke hinein und führte den Löffel in die Flammenspitze; rußend schlug die Flamme hoch, flackerte, leckte in den Löffel hinein, beruhigte sich endlich. Lautlos warteten sie, beobachteten, wie die Bleiklümpchen zusammensackten und wie unter der stumpfen Kruste eine glänzende Zunge hervorkam, sehr langsam und zuckend. Die Alte nahm die Nikkelbrille ab, die sie zum Stricken aufgesetzt hatte, und legte einen Ellenbogen auf ihre schwere Brust. Ruth setzte sich auf die Hände, drückte die Zähne in ihre Unterlippe. Mummer rührte sich nicht. Taxierend blickte Ben auf die Schüssel, die bis zum Rand mit Wasser gefüllt war, versicherte sich, daß sie nah genug stand. Seine Hand zitterte, das flüssige Blei schwappte leicht in der Mitte des Löffels, rann vollends unter der stumpf-schimmligen Haut hervor und sah jetzt glatt aus und glänzend. Er fühlte die Hitze im Löffelstiel, einen brennenden Druck, sein Mund ver-

zog sich, die Lippen schoben sich vor, als wollte er über das flüssige Blei blasen, aber er hielt den Löffel, hielt alles, was glänzend in ihm schimmerte: das Metall und seine Erwartung und das, was die Alte für ihn herauslesen würde – so lange, bis auch das meiste von der Kruste weggeschmolzen war. Da ließ er den Löffel seitwärts abkippen, steil, wie ein getroffenes Flugzeug abkippt; zischend plumpste das Blei in die Schüssel, klirrte am Grund, und noch einmal zischte es, als Ben den Löffel hinterherwarf.
Er atmete auf, schlenkerte seine Hand und steckte nacheinander die Fingerkuppen in den Mund. Mummer und Ruth beugten sich über die Schüssel, blickten auf den Grund, auf ein blankes Ding, das wie eine Zwischenform zwischen Galgen und Klosett aussah, mit gleichem Recht aber auch wie ein Rückgrat mit großer Schleife. Ohne hinzuschauen sagte Ben: »Hoffentlich lohnt sich das nächste Jahr, sonst kann es meinetwegen gleich ausfallen.«
»Eine Hose mit einem Propeller unten«, sagte Ruth.
»Die will sicher fliegen«, sagte Ben.
»Ben fliegt nach Mallorca«, sagte Ruth.
»Gib mal her«, sagte die Frau, »ich kann es so nicht erkennen.«
Mummer fischte den gegossenen Gegenstand aus der Schüssel, und die Alte drehte und betrachtete ihn sorgfältig unter der Lampe.
»Du mußt achtgeben, Ben«, sagte sie nachdenklich.
»Bei der Flugreise?«
»Hier ist eine Faust, Ben, und dann etwas, was ich nicht erkennen kann. Es ist aber da. Du mußt vorsichtig sein im nächsten Jahr, Ben.« Sie legte das

blanke Bleistück auf die Nähmaschine und sah Ben mit einem Ausdruck dringenden Kummers an.
»Jetzt ist Ruth an der Reihe«, sagte Ben.
»Nein«, sagte Ruth, »ich noch nicht, ich zuletzt. Zuerst möchte ich sehen, was ihr gießt.«
»Soll ich?« fragte Mummer, und bevor er noch auf eine Antwort wartete, füllte er den Löffel mit abgesägten Bleistücken und hielt ihn in die Flamme. Triumphierend blickte er um sich, zwinkernd und selbstgewiß. Sein ausgestreckter Arm bewegte sich nicht, lag vollkommen ruhig da, als ob eine Stockgabel ihn stützte. Verstohlen seinem Blick ausweichend, beobachtete Ruth ihren Vater, wie er dasaß und sich zu schaurigem Triumph zwang, ihnen zuzwinkerte, wobei sein Gesicht sich einseitig verzerrte gleich einer Maske, die auf jeder Hälfte anders geschnitzt ist, und sie sagte unwillkürlich: »Nein«, hob das Gesicht, streckte die Hand nach dem Löffel aus und fuhr fort: »Ich möchte jetzt gießen, bitte, laß mich jetzt. Man darf doch den Löffel wechseln?«
»Wenn das Blei noch nicht geschmolzen ist«, sagte die Frau.
»Du kommst nach mir dran«, sagte Ruth, nahm Mummer den Löffel ab, ließ das Blei flüssig werden über der unstet brennenden Flamme und goß, goß ein Stück, das aussah wie ein Pudding mit Hörnern. Die Alte drehte und begutachtete das gegossene Bleistück, wendete es feierlich, tastete über die hornartigen Erhebungen: tonlos entschied sie, daß etwas Bestimmtes auf das Mädchen zukomme, etwas, das sich nicht genau erkennen lasse, aber »es ist im Anzug«, sagte sie. Dann ließ sie sich den Löffel reichen, untersuchte auch ihn und stellte fest, daß es Zeit sei, das

Bleigießen zu unterbrechen und die »Berliner« zu essen, die in einer Schüssel im Herd standen.
Mummer trug die Berliner herein, ging von einem zum andern und bot aus der Schüssel an. Der Teig war warm unter der braunen Haut, der Zuckerguß klebte an den Fingern, und wenn sie hineinbissen, quoll Marmelade aus ihren Mündern hervor, beschmierte die Finger, die Mundwinkel. Ben ging in eine dämmrige Ecke, lautlos, mit seinen schleichenden Schritten; er setzte sich in einen Armstuhl und aß und starrte auf seinen Vater, der die Schüssel nicht aus der Hand ließ, eifrig hin und her ging zwischen ihnen und anbot.
»Du solltest dich hinsetzen«, sagte Ben aus der Ecke.
»Es geht gleich wieder los«, sagte Mummer, »nach den Berlinern wird weitergegossen, und zuerst bin ich dran.«
»Wir sollten aufhören damit«, sagte Ben.
»Warum?«
»Weil es langweilig wird. Es ist für jeden was im Anzug, das genügt. Genauer brauchen wir's nicht zu wissen. Mehr ist ungesund.«
»Ist denn im Radio nichts?« fragte Ruth. Sie drehte an den Knöpfen, es knackte, ein schwingender Jaulton drang aus dem Lautsprecher, dann eine raunende Männerstimme: »Wird nur geredet«, sagte Ruth.
»Das ist der Kanzler«, sagte Mummer.
»Wir werden alle Blei gießen«, sagte die alte Frau; sie wischte sich die Krümel vom Kinn, faßte nach ihrem Knoten und ließ in der anderen Hand den Löffel wippen. »Was wir angefangen haben, machen wir zu Ende, solange das Blei reicht.«
Mummer stellte die Schüssel auf die Nähmaschine.

Triumphierend ließ er sich neben dem Licht nieder, scharrte einige Bleistücke in den Löffel und hielt sie in die Flamme.
»Da kommt ein Schnelldampfer raus«, sagte Ruth, »zumindest die *Patria.*«
Bens Augen glühten in der dämmrigen Ecke, er starrte schweigend auf seinen Vater, auf den leicht zitternden Löffel, über dem die Flamme manchmal zusammenschlug, und er dachte an das, was er wußte, und sprang plötzlich auf, als wollte er in letzter Sekunde etwas verhindern, und sagte: »Hör auf jetzt. Mehr brauchen wir nicht vom neuen Jahr zu wissen. Gib mir den Löffel.«
»Gleich bin ich fertig«, sagte Mummer.
»Das ist alles Quatsch«, sagte Ben.
»Die Kruste ist gleich verschwunden.«
»Wir wollen was anderes machen«, sagte Ben.
»Gleich«, sagte Mummer.
Ben stand dicht neben seinem Alten, sah das schwärzliche Halbprofil seines Gesichts, das knochige Handgelenk, das steif aus den Ärmeln herausragte, und ohne ein Wort oder eine Warnung streckte er seine Hand aus, packte das knochige Gelenk des Alten und zwang es zu sich herüber. Die Flamme richtete sich steil auf, als sich der Löffel, der sie niedergedrückt hatte, unter dem Zwang nach oben hob. Das flüssige Blei schwappte gegen den Löffelrand. Ben spürte den unvermuteten Gegendruck in dem Gelenk, das er gepackt hielt, und mit einem Ruck versuchte er, die Hand, die den Löffel hielt, von der Schüssel wegzuziehen. Das flüssige Blei schwappte über den Löffelrand. Er sah die fallenden silbernen Tropfen. Er hörte das Zischen auf seinem Handrükken, noch bevor er den Schmerz empfand und los-

ließ, was er gepackt hatte. Die Bleitropfen sprangen beim Aufprall flach auseinander, und seine Hand sah aus wie von kleinen silbernen Blättern bedeckt. Und als er in seine Ecke zurückwankte, die Finger in den Unterarm gepreßt, den Mund aufgerissen und stumm vor überwältigendem Schmerz, drang aus dem Radio das Ticken einer Uhr, das die letzten Sekunden des alten Jahres zählte, freigab wie eine Frist zu Abschied und Herausforderung und Vorbereitung, und draußen stiegen gegen die sternlose Schwärze der Nacht Raketen auf, Leuchtkugeln, Heuler und rotierende Sonnen.

»Ben«, rief das Mädchen erschrocken, »oh, Gott, Ben, was ist denn passiert?«

»Das neue Jahr hat begonnen«, sagte die Frau.

MARTIN WALSER

Sylvestermärchen vom anderen Geschlecht

Ich hielt mich gleich an eine. Die fuhr aus felsiger Kulisse hervor, ein Glamour, ein Glanz. Sofort warfen alle Mädchen ihre Beine hoch. Das sind die Stellen, wo ich eingreife. Ich kam also mit der Lötlampe. Stellte zuerst das Warndreieck auf. Lavori in corso. Föhnte die mal anständig durch. Mireille Mathieu trug mich mit ihren Zähnen einem Kissen zu. Dann täuschte sie mich. Schon hatte sie meinen Hals in ihrer Kniebeuge, mein Mund öffnete sich willenlos, sie träufelte mir Sirupsirup aus ihrem großen Mund in meinen kleinen Mund. Auf ihrer Zungenspitze das Elmsfeuer. St. John on Pathmos. Der Landgraf von Homburg reichte mir schweigend ein duftendes Briefchen, ich öffnete, ich las: »Ich schätze Sie zu sehr, als daß ich in Ihrer Gegenwart den Mund zu öffnen wagte: ich stottere nämlich. Meine Frau wird mich bei Ihnen würdig vertreten.« Geistesgegenwärtig griff ich hinter mich und langte mitten in die Gräfin hinein. Ich begreife, sagte ich. Wir wanderten tief ins Tal hinein, ich ging bis zu den Knöcheln in Schokolade und lebte von candierten Warzen. Es ist ein schweres Schicksal, sich in Sie, Stewardess, zu verlieben. Don't let me down, ay bane got to wait fo yo right in th'air, becuz mah life depends on what happens t'yo!! Ay is natcherly elly-jiibble fo yo! Jest now! Fanks. Och, wir stürzten mitten in die Matratzenfabrik. Whoop. Rauch. Flammen. Wir löschten mit Honig. Süß, sagte sie und bot mir ihr rußiges Gesicht. Ach, Sie kleine Schwarze, Rosenmundige, wann haben Sie bloß angefangen? Hat Ihre Schulausbildung darunter gelitten? Stimmt es, daß Ihre Mutter keine Stunde versäumte? War es vielleicht überhaupt der Wunsch Ihrer Mutter, daß Sie sich ganz dem Eis verschreiben sollten. Haben Sie sich jemals in einen Trainer verliebt? Hat Ihre Mutter Ihnen das ausgeredet? Wollte Ihre Mutter mit Ihnen Manni machen, oder wollte Sie Ruhm oder beides, war Ihre Mutter unersättlich, schlank, unbefriedigt, starrte mit hungrigen Augen auf jede Bewegung, verstand Sie was davon, hatte Sie Männer, gönnte Sie Ihnen deshalb auch keine, teilten Sie auf Ihren Reisen das Zimmer mit ihr? Sie haben also noch nie eine Nacht ohne Ihre Mutter verbracht? Wie lange ist sie schon tot? Dann kommen Sie praktisch gerade von der Beerdigung, und die nächste Nacht ist Ihre erste Nacht ohne Ihre Mutter? Wie lange dauert die Show, sind Sie im Finale dabei, darf ich Sie dann in meinem Rolls erwarten at the Artist's Exit? Ich lasse ihn auf Kufen montieren, daß es Ihnen leichter fällt, Mizi, ja?! Ach, da freu ich mich aber, bleiben Sie, bitte, so, die zwei Fellchen genügen, Sie Tochter des Tales, Sie blühendes Kerlchen, ich halte es für ein unverdientes Glück, daß Sie gerade mir zufallen, aber ich sah in Ihren Augen so ein Feuer, da dachte ich, fragen kost nix, und da hab ich Sie halt gefragt, und jetzt soll das zu einem so guten Ende führen. Ich habe geheizt zuhaus, Sie werden nicht frieren, und dann trinken wir auch ein bißchen etwas Einheizendes. Ach Marilyn, das nenn ich Glück, aber ein bißchen Leistung ist es auch, bitte, ich habe unter allen

Mädchen gleich Dich gewählt und Dich dann nicht wieder verloren, und ihr seid alle so gleich angezogen, und alle macht ihr die gleichen Bewegungen, und dann noch Bildschnitte und Turbulenz, also grad mit Fleiß, daß ich Dich nicht mehr sehen soll. Aber ich habe mich konzentriert auf Dich. Sowas von Konzentration. Der Fernsehapparat zitterte unter meiner Konzentration. Ich hielt Dir die Treue und da bist Du. Es lohnt sich doch immer wieder, treu zu sein. Sag doch nicht immer Professor zu mir, Marlene. Hast Du was dagegen, wenn ich Dich Diotima nenne, ich glaube schlechterdings, es paßt. Du wirst lachen, Diotima, Dir zuliebe trink ich sogar grünen Likör. Daß Dein Mann stottert, ist wirklich das Beste, was uns passieren konnte. Wie lange wartest Du schon auf mich? Ich dachte schon, Du kommst nicht. An diesem Laternenpfahl hab ich mich gehalten, ganz unanständig hab ich mich festgeklammert an ihm, wenn Du nicht gekommen wärst, ich hätte mich aufgerieben an ihm, ehrlich, ich bin jetzt soweit, ich verzichte lieber auf das Leben als auf die nächste Nacht. Also wenn es heute wieder nichts wird, wenn etwa heute wieder etwas dazwischenkommt! Grins nicht, Diotima, mich durchflutet's vom Zwerchfell her, es ist eine Woge, mich hebt es heiß, Gischt sprüht brennend. Ich rette mich nur noch, wenn es mir gelingt, Dich mitzureißen. Dann trägt es uns hinauf zu dem Corvatsch, Liebste, und legt uns in den heißen Schnee, der an Deinen Schenkeln sanft verdampft. Danach wird es keine Eigenschaftswörter mehr geben. In den Tälern wird man alle Gegenstände in Wolle hüllen und Osterglocken läuten. In Rhabarberwäldern werden wir miteinander verkehren. Dann werden wir in Kupfer gestochen

werden, wir zwei, es tut nicht weh, Diotima, glaub mir, es entspricht ganz der Sehnsucht, und mir ist noch nicht eines der Mädchen mißlungen des Vaterlands, Schnucki. Aber sie sind immer so rasch vergangen. Das ist ein Verlauf, zum Wahnsinnigwerden. Auch von Dir werde ich morgen früh nur noch reden können. Ich glaube, ich nehme doch besser den letzten Zug nach Ulm, es schreckt mich die Aussicht ins nächste Jahr. Nämlich in Sekunden sinkst Du, Sonne, hinab, ehrlich. Ich rief die Auskunft an, besetzt. Ich weinte, das Tal schloß sich, die Wogen platschten davon, Enten erhoben sich, in den Rhabarberwäldern, zwischen den Heidelbeeren, schon Esso und Shell, eine Pistole rutschte auf der Theke lang, das Motel explodierte, zwischen Deinen Brüsten schob sich der Pie herab, zermalmte die jungen Birken. Schon im Gletscherbett, ging's noch einmal hoch her. Ziehharmonika und die jauchzende Zither. Und die Jodlerin.
Die Luft zerreißt's. Mich zerreißt's. Der schrille Schmelz. O Jesusmariaundjosef, hier bin ich daheim, und wenn ihr auch alle behauptet, ich sei fest angestellt in Anchorage. Hör doch die Jodlerin, die jauchzende Zither, und jetzt noch der Jodler, mein Lieber, was der so springen läßt, da lege auch ich an, und Schuß, die Blume fällt. Heidi, da! Mir wanderte die Zungenspitze an den Zähnen entlang. Das war also die Braut. Sie verfing sich mit ihren zu vielen Haaren an meinem immer schon in die Heimat ragenden rechten Schneidezahn. Sie blieb hängen. Ich rettete sie aus dieser schon fast unabwendbar gewordenen Ehe. Sie kriegte einen kleinen Schreibtisch vor schimmernder Tapete, konnte sitzen, das Knie an eins der geschwungenen Beine gelehnt, un-

gerecht sein gegen Köchin und Gärtner und Briefe in den Nachmittag schreiben und furchtsam mir entgegenstarren. Wer hatte denn mehr Angst von uns zwei? Das war doch das Schöne, Kind, Deine Angst und meine Angst. Wir standen uns bei. Das ist nämlich auch schön, Schatz, der Beistand. Deine Lippen lösten sich von einander, als träfen sie sich niemals wieder, ich mußte rasch noch weg, den Brüdern Wright eine Rede halten, das waren doch alles Leistungen, Lulu, die ich zu besingen hatte. Ich fing Dich anderentags ab mit dem Boot, als du mir von dem Wasserski offen entgegensankst in mein Korallenriff. Schleierfische waren bestellt, die Beatles auch, das Wetter war natürlich so eine Sache. Ich hatte überhaupt das Gefühl, daß ich mir nichts mehr vornehmen sollte. Und warum? Immer, aber auch wirklich immer diese steinigsten Heimwege, so was von unebenen Rückwegen, vereist eine jede Spur. Hell wurde es auch nicht mehr. Wir stolperten und redeten im Duster. Wenn einer fiel, hielten wir lachend, warteten lachend, bis er sich wieder hochgerappelt hatte. Wenn man aber selber stürzte, wunderte man sich, daß die anderen lachten. Aber wenn der andere wieder stürzte, lachte man wieder. So verging die Zeit. Vor allem durch die Schmerzen, die auszuhalten waren. Die Autos rasten ja auch. Manchmal kamen wir uns richtig verfolgt vor. Der Winter machte uns ganz schwach. Zum Glück behauptete schon wieder einer, er sei einmal am Strand gelegen, als ihn plötzlich ein nackter Fuß in die Rippen gepufft hätte, das war sie, sagte er, B. B., die kam direkt aus'm Wasser. So wie sie da stand, kam die direkt aus'm Wasser. Du liegst auf meinem Platz, sagte sie. Ich stand auf, die legte sich genau dahin, wo ich gelegen hatte und sagte, so, jetzt kannst du dich wieder legen. Die hatten hier nur Friseusen. Fand ich prima. Sie machte das wunderbar. Und der neben ihr war ihr Vater. Log sie. Das war niemals ihr Vater. Der hatte die Hand ein bißchen sehr weit rutschen lassen. Diese Bilder entwickelte sie selber. Ich würde so was ja nicht ins Geschäft tragen wollen. Sie war offenbar eine ziemlich Abgehärtete. Wenn sie den Mund noch einmal so aufrisse, wisse ich nicht, womit ich ihn füllte, prost Neujahr, Mizi! Ich begrub mich in ihr. Mein christliches Begräbnis. Auf was sollte unsereiner sonst noch hoffen. Ich leerte'n bißchen Sauce Bearnaise über ihre Brüste. So, mein Spargelkindchen, Köpfchen ab. Schrei nicht. Dann hieß es, Abschied nehmen. Gute Nacht Eisrevue, gute Nacht Fledermaus, gute Nacht Rhabarberblatt, gute Nacht Johann Strauß, gute Nacht du großer Regisseur, gute Nacht Nacht, unser Programm ist hiermit beendet. Am liebsten mag ich Eisrevue. Am liebsten an Sylvester. Daß die Sendung nicht ewig dauern würde, war ja von Anfang an klar. Zur Strafe mußte ich den Bildschirm putzen.

wackeres sylvesterfest hanswursts mit colombinen oder die zuerst gestörrte doch dann glücklich wiedererrungene unruh' im bette

hanswurst: etwas macht mich ganz nachdenklich.
colombina: und das wäre?
hanswurst: selbst die onany is heutzutag nicht ganz ohne reitz.
colombina: der reitz regiert halt die welt!
hanswurst: damit sagtst du aber auch, dass die onany die welt regiert!
colombina: ach was.
hanswurst: und das.
colombina: und noch etwas!
hanswurst: was dann?
colombina: du machst mich auch schon ganz nachdenklich.
hanswurst: papperlapapp! wie wär's, wenns d' mich ein bissl in dein cabinetterl reinlassen tätst?
colombina: kein schlechtes offert; musst' nur erst die hosntür aufsperrn.
hanswurst: gut gegeben!
colombina: nur zu!
hanswurst: und auf!
colombina: bestens!
hanswurst: eine hand wäscht die andere!
colombina: ja! ja! fein!!
hanswurst: also sind wir uns einig?
colombina: ganz!
hanswurst: still! es klingelt!

colombina: wer mag das sein?!
hanswurst: still!
colombina: das fehlt uns jetzt grad!
hanswurst: still, still!
sie halten einen moment lang den athem an. draussen klingelt's wieder, heftiger, dann – stille.
hanswurst und colombina flüstern:
colombina: mir scheint, er is fort!
hanswurst: und wenn's eine sie war?
colombina: wieso?
hanswurst: aber bedenk' doch, wieviel mehr möglichkeiten das gibt!
colombina: trotzdem – das risiko is zu gross, dass es doch ein er war.
hanswurst: dann hätten wir halt ausflüchte g'macht!
colombina: leicht gesagt!
hanswurst: oh schröckliche ungewissheit!
es beginnt zwölfe zu schlagen.
colombina: rasch ins bett!
hanswurst: mit dem neuen jahr um die wett'!

PETER BAMM

Meditationen in der Nacht des heiligen Sylvester

Das Jahr pfeift auf dem letzten Loch – und wir mit ihm. So habe denn der Narr das Wort!

Es war ein guter Brauch in alten Zeiten, daß neben den Thronen der Könige die Narren hockten. Die Heruntergekommenheit unseres gloriosen Jahrhunderts kann man an nichts so deutlich sehen wie daran, daß die Narren aus unserer Zeit verschwunden sind.

Die Nacht des heiligen Sylvester, die letzte Nacht des Jahres, ist von jeher die Nacht der Narren gewesen. Der Heilige dieses Tages ist der Papst Sylvester I. Nach der Legende ist er der Mann, der den Kaiser Konstantin den Großen getauft hat. Damals ging in großem Glanze die Zeit des Heidentums zu Ende, damit in größerem Glanze das Abendland dem Christentum gewonnen werden konnte.

Eine Fülle von fröhlichen alten heidnischen Gottheiten, die in Stadt und Land ihr Wesen getrieben hatten, gingen in dieser neuen Welt ihres Ranges als Gottheiten verlustig. Aber sie waren nicht tot. Als muntere Teufel, als boshafte Dämonen, als witzige Kobolde tauchten sie wieder auf. Manch einer suchte sich zur Wohnstatt eine menschliche Seele, zog ein und machte sie zum Narren. Alle diese Teufel, Dämonen und Kobolde retteten sich unter den weiten Mantel gerade desjenigen der Heiligen, welcher ihrer Göttlichkeit den Garaus gemacht hatte. Der heilige Sylvester nahm sie alle mit einer großen Gebärde unter seinen Schutz. Unter dem Mantel eines Heiligen ist Raum für manch irdisches Ding. Wie könnten auch ein paar arme Teufel dem Himmel von seinem unendlichen Glanze etwas rauben. Die großen Feste des Jahres sind fromme Feste. In der Nacht des heiligen Sylvester erwacht noch einmal etwas von der alten Heiterkeit des Lebens, welche dem Menschen befiehlt, seiner Würde die Schellenkappe aufzusetzen und seinem Nächsten mit der Narrenklappe auf die Schulter zu schlagen.

Sollen wir Feste feiern, da wir es nur zwischen Gräbern tun können?

Welch eine Frage!

Als ob jemals Feste anders hätten gefeiert werden können als zwischen den Gräberfeldern, welche die unendliche Kette der Generationen seit Anbeginn über die alte Erde gebreitet hat.

Der Mensch, sofern er schlichten Gemütes ist, neigt nicht zur Philosophie. Wenn das alte Jahr im grauen Nebel der Vergangenheit versinkt und das neue Jahr uns aus dem Morgen der Zukunft entgegenkommt wie ein lächelnder Knabe, dann fallen wir einander um den Hals, als ob wir alle Brüder wären. Dazu sind wir meistens noch des Punsches voll.

Die seltsame und verrückte Heiterkeit, die sich der Menschen in der Nacht des heiligen Sylvester bemächtigt, scheint absurd. Wer hat schon einem alten Jahr viel Gutes nachzusagen, und wer, wenn er nicht des Punsches voll ist, wird ernsthaft von einem neuen Jahre viel erwarten! Die europäische Menschheit lebt in einer Epoche großer Geschichte. Das heißt, es ist ungemütlich geworden auf diesem alten

Kontinent. Am Horizont zucken die Blitze. Erdbeben lassen den Boden unter uns erzittern. Die Götter haben den Olymp in Nebel gehüllt. Wir wissen nicht, was über uns beschlossen ist.

Die Heiterkeit ist nicht eine Folge des Punsches. Der Punsch ist eine Folge der Heiterkeit. Die seltsame und verrückte Heiterkeit in der Nacht des heiligen Sylvester ist ein Fest der Tapferkeit des menschlichen Herzens. Ein Gebirge von Leiden hinter sich, ein Gebirge von Sorgen vor sich, hebt der Mensch das Glas zum Himmel und lacht. Es ist das Lachen eines tapferen Herzens, das in den Hallen, an deren Wänden schon die Flammen hochzüngeln, die Feste zu Ende feiert.

Möge die Narrheit ihre Bocksprünge machen. Narren allein sind würdig, der Weisheit die Schleppe zu tragen. Die Narren hüpfen durch den Schmutz der Straße, damit der purpurne Mantel der Weisheit, dessen Schleppe sie in ihren Händen halten, nicht durch den Schlamm geschleift werde.

Wir haben dreihundertfünfundsechzig ernste Tage hinter uns, wir haben dreihundertfünfundsechzig ernste Tage vor uns. In dieser einen Nacht des heiligen Sylvester wollen wir tapferen Herzens das Punschglas zum Himmel heben und uns lächerlich machen um der Würde der menschlichen Seele willen.

Mögen die Götter uns gnädig sein!

REINER KUNZE

Fischritt am neujahrsmorgen

Stadt, schlüpfrige, halt
still

Ah, jetzt erkenn ich's, du
bist ein fisch

He, ich balanciere auf dem rücken eines
fisches

Dächer, sagt ihr, nüchtern gebliebene, das
sind silberne schuppen

Jaja, ein märchenfisch, das schloß
trägt er wie eine krone

Ein verzauberter prinz, ein
Reuß, ein
debiler

Schon gut, wir werden schlafen
und zu mittag

wird er wieder eine
stadt sein

JÜRGEN BECKER

Sylvester, nachmittags

wenn überhaupt, die Tröstungen später, und
für was dann, das kriegen wir
nicht mehr zusammen
– aus dem Haus gehen,
keine Verwendung für Verkehrsmittel;
in der Nähe ein Bachlauf mit Erlen und
der rostfarbene Glanz der Sonne
auf den harten, rissigen Wiesen
– Jahresende,
und es ist ein Krachen in der Luft, sonst
nichts mehr zu hören; Neues
am Rande
– nimm's mir nicht übel,
gleichgültig weiter zu leben, denn es stimmt
ja auch nicht; jeden, nein, fast jeden Tag
von etwas getroffen
– Fröste; blockierende
Vorkommnisse, und der Bach kämpft
ganz selbstverständlich; ein Rest Gemäuer,
da, bröckelt immer weiter weg

GABRIELE WOHMANN

Sylvester

Es muß ja nicht sofort was eingeschenkt werden. Ist das nun Sylvester oder nicht? Trotzdem muß nicht gleich losgelegt werden. Wir treiben hier unser kommunikatives Handlungsspiel. Laß doch wenigstens in der 1. halben Stunde die Flasche mal weg. Es ist wirklich bedenklich, aber es ist offensichtlich, daß der Anblick leerer Gläser dich unruhig macht. Die Milchleistung ist erblich in den Kühen verankert. Die Eltern wundern sich ebenfalls sehr, denn wieso soll ausgerechnet durch sie in dir die Suchtleistung erblich verankert sein. Ist das nun Sylvester oder nicht? Die Eltern trinken ja nur so mit, jeder Schluck ein Opfer, die Mutter möchte viel lieber Kakao oder Orangensaft naturtrüb, der Vater möchte viel lieber Fachinger oder ziemlich durchsichtigen Kaffee, aber dies ist nun Sylvester, und beide halbwegs erwachsenen Kinder sind nicht nur alkoholsüchtig, sondern überhaupt süchtig. Man könnte sich gut zunächst mal gepflegt unterhalten. Weiter mit der Milch. Am besten ist die Kuh, die 6000 l Milch gibt. 6000 l Milch von einer Kuh sind rationeller als 4000 l und eineinhalb Kühe. Der Milchviehhaltung bleibt nur die Flucht nach vorn. Die Kuh als Betriebspartner. Ihr Einsatz als ertragssteigerndes Betriebsmittel – eine alte Melodie, aber eine andere, schärfere Tonlage. – Was hast du denn vorher schon getrunken?

Was hast du denn eingenommen? Dein Mund ist ja ganz schief. Dein Gesicht ist ja ganz fleckig. Wir könnten auch über die synthetische Amöbe reden. Die synthetische Amöbe erweckt Hoffnung auf das Ewige Leben. Schon hat man tote Zellen synthetisch wiederbelebt. Was hast du denn in der Küche gemacht. Doch, ich habe gehört, daß du die Eisschranktür zuerst geöffnet hast, daß du sodann mit etwas Gläsernem gegen etwas Gläsernes gestoßen bist, wobei es sich höchstwahrscheinlich um das Gegeneinander von 2 Flaschen handelte, ich habe sodann eine Weile nichts gehört, höchstwahrscheinlich ebenso lang wie du dazu gebraucht hast, die Flasche an den Mund zu setzen und zwei oder drei Schluck zu nehmen, ich habe daraufhin gehört, wie du den Eisschrank zugemacht hast. Es gibt die Wiedergeburt der Amöbe und das ist schön. Ihr macht eure Eltern ziemlich traurig. Sie sehen erschreckt hin und weg. Sie können euren Anblick kaum ertragen. Das Erdrelief erniedrigt sich. Ihr erniedrigt euch. Am lautesten redet hier die Angst. Es ist allerdings kaum möglich, noch lauter zu reden als du und als dieser dir blutsverwandte Jugendliche mit dem bläulichroten aufgedunsenen Gesicht, und dein Mund wird immer schiefer. Aber wenn sich das Erdrelief schließlich auch erniedrigt. Aber nur millimeterweise. Aber wer erniedrigt sich denn nicht? Aber es wäre nicht unbedingt nötig. Ist das nun Sylvester oder nicht? Wir haben die 1. halbe Stunde mit dem Warten auf Besäufnis schon beinah hinter uns. Wir befinden uns in einer semantischen Situation. Mütter, die aufs Gebären von Söhnen Wert legen, sollten sich während der Schwangerschaft in Ortschaften aufhalten, wo hartes Wasser fließt. Deine Mutter kann ja gar nicht anders und muß, angesichts eurer verqueren zerstörten Anwesenheiten, diese ganzen Schwangerschaften bereuen. Kannst du nicht freundlicherweise etwas leiser reden. Aber am lautesten redet hier die Angst, aber die hörst nur du, die hört nur der dir blutsverwandte Jugendliche, dem du alles andere als ein Beispiel bist, denn andernfalls gösse er nicht auf einen Zug dieses ganze Glas in sich hinein, spülte es nicht dort hinunter, wo die Drogen und was nicht alles in ihm die innere Verwahrlosung verantworten, andernfalls redete er nicht überlaut und immer wieder über Daseinsschlamassel. Deine Eltern blicken erschreckt in die Gegenrichtungen, bedauerlich, doch das Zimmer ist so klein und immer wieder müssen ihre ängstlichen, kleinen Augen euch beide treffen. Aber vorübergehend. Ich atme, schlucke, ich berühre meine Haut und meine Häute immer unsicherer, ich versage immer sicherer, in jedem Fall ist auf mich Verlaß. Womit man bei mir rechnet, trifft ein.

Nein, deine Frisur ist nicht allein deine Angelegenheit. Nein, deine übrigen Marotten, deinen Anblick betreffend, sind nicht allein deine Angelegenheit. Es gibt die Außenwelt. Die Außenwelt ist dazu gezwungen, dich in ihr Blickfeld aufzunehmen. Mußt du schon wieder nachschenken? Ist dies nun Sylvester oder nicht? Was hast du denn vorher schon getrunken. Was hast du denn eingenommen. Halt besser den Mund. Der Mund verfügt schon kaum mehr über Lippen, denn du kneifst sie zusammen. Dein Gesicht sieht wie eine Ofenklappe aus. In der Klappe mit ihrem Riegel befindet sich dein Mund. Schnüffle nicht an deinen Traurigkeiten herum. Dies ist ein kommunikatives Handlungsspiel. Das Rad der Geschichte dreht sich weiter. Wir könnten auch über den fußkranken Weizen reden. Auch die Gerste ist anfällig für Fußkrankheiten. Weniger gefährdet sind Roggenfüße, und als allgemein gesund gelten die Füße des Hafers. Deine Eltern lenkt das sehr schön ab. Der Jugendliche stört immer mehr unsere semantische Situation. Die Eltern wollen wirklich nicht erfahren, was wiedermal mit ihm los ist, denn er ist ihr Sohn, denn sie sind seine Eltern, also wollen sie es wirklich nicht erfahren. Mußt du schon wieder nachschenken? Ist dies nun Sylvester oder nicht? Die Schwarzbeinigkeit ist eine Wurzelkrankheit. Weizenfüße sterben ab, und die Pflanze stirbt danach ab. Die Krankheit tritt auf dem Feld auf und auch in Nestern. Der anfällige Weizen bekommt Augen- oder Medaillonflecken, todbringende Bräunungen. Der 1. 12. ist immer ein Wendepunkt im Dasein des Weizens. Laß mal den 31. 12. zu einem Wendepunkt in deinem Dasein werden. Dazu bedarf es keiner großen Mühe. Dazu bedarf es bloß der nicht sehr großen Mühe, dir dich selber, so wie du bist und in der Außenwelt im Weg bist, abzugewöhnen, schaff dich mal ab. Das ergibt nicht mal eine Pressenotiz. Die Tagesschau wird sich nicht darum kümmern. So, und jetzt scheuchen wir aber die wegen ihrer Unappetitlichkeit verletzende Tante aus dem Zimmer, wir werden sie wahrscheinlich aus purer Gnade kurz vor Mitternacht, also zum Jahreswechsel, wieder reinholen, wobei die Hoffnung nicht zuschanden werden läßt, daß sie bis zu diesem Zeitpunkt unserer großherzigen Nächstenliebe mitten in ihrem Geheul und Gesabber eingeschlafen ist, mitten in Rotz und großem kindischem Elend. Diese Idioten, die ich hier ringsum erblicke. Es gibt doch wahrlich Themen in Hülle und Fülle.

Erst unser kommunikatives Spieltalent macht unsere Würde aus. Weg mit der Tante. Eine Wahl treffen ist moralisch. Weg mit den Suchtmitteln. Seid doch nicht so verdammt determiniert. Ihr benehmt euch wie Ameisen. Keine Wahl treffen ist bloß biologisch. Euer Mut kennt ja nur einen Gegenstand, ihr Insekten, das ist der Tod, weiter gar nichts. Höhere Schweine-Erstattungen für den Export in Drittländer. Wieder ein bißchen mehr leben die Eltern auf, während sie sterben. Versagen wir dem Schwein nicht unsere Sympathie. Zu den kommenden Mahlzeiten Sonderangebote. Oder hier: Leichenwagen verunglückt. Sarg und Toter zersplittert. Konnte dieser Tote ein 2. Mal sterben? Das schaffen nur die Lebenden. Unzählige Tode in deiner Biografie. Täglich einige Splitter Tod, und so auch jetzt in diesem Augenblick, in diesem viel zu engen Zimmer, bei brennenden Kerzen; in der undeutlichen Beleuchtung seid ihr beide leider noch immer deutlich, und die Verrenkungen eures in kleinen Raten abgeleisteten hastigen Sterbens entgehen uns leider nicht, selbst bei höchster Vorsicht und dem Auftrag an unsere Blickrichtungen, euch zu meiden. Du schenkst ja schon wieder nach. Was hast du denn vorher schon getrunken. Was hast du denn eingenommen. Wie benimmst du dich denn. Kannst du nicht deinen Eltern zuliebe. Sieht denn keiner von euch wie sehr eure Eltern. Ihr laßt euren Eltern ja gar keine Wahl, sie müssen so biologisch, so unmoralisch, so privat, so familiär, so unpolitisch leiden, sie können ja unter diesen biologischen und privaten Umständen, die keinen Nachrichtenredakteur der Welt aufhorchen lassen, gar nicht an den Nahostkonflikt, an die Weltwährungskrise, an die nordrhein-westfälische Landtagswahl und Napalm denken. Unter diesem Foto steht: LEBENSKUNST IST ALTERSSACHE. Auf dem Foto sehen wir einen alten Mann, eine Bank, darauf er krumm sitzt, wir sehen ferner eine Kaufhaustragtasche halbvoll, wir sehen insgesamt viel Alterssache, wir sehen die Lebenskunst nicht. Der Fotograf, ein mutmaßlicher Amateur, hat die Modelle schlecht arrangiert. Nicht mehr lang und die Polizei wird auftauchen und diese ganze kleine Wohnung nach den Suchtmitteln dieses Jugendlichen durchforsten. Im Molekül ist der Tod programmiert. Nicht schon wieder, laß dieses Glas mal stehen, setz dieses Glas mal wieder ab, warte, Geduld, gibt mindestens 10 Minuten zu. Jetzt warst du insgesamt schon dreimal auf dem WC. Sprich gefälligst deutsch. So sitzt eine Dame aber nicht da. Dein Gebrauch dieses bestimmten Wortes macht mich argwöhnisch, denn du hast dieses bestimmte Wort in einer deiner besonders abscheulichen Zeiten gebraucht. Der historische Stellenwert dieses bestimmten Wortes erweckt mein äußerste Alarmbereitschaft. Die Molekularbiologen wissen schon eine ganze Menge. Eben rede ich. Quassel mir nicht dauernd rein. Schon morgen wirst du deinen überaus peinlichen Auftritt bereuen. Du vermasselst deinen Eltern nicht nur diesen Abend, sondern das politische Denken. Weltgeschichtlich gesehen ist deine Sucht ausgeklammert, ist deine Person nicht inbegriffen, dein Elend ist ein Zynismus, denn es geht nicht alle Welt, nicht Krethi und Plethi, nicht jedermann an. Denn du bist nicht von überregionalem Interesse. Deine Daten sind so privat. Deine Moleküle sind so durchschnittlich. Zuerst altern die Moleküle. Mit deinen Molekülen kannst du überhaupt nicht ins Privatgeschäft kommen.

Deine individualistischen Donquichotterien werden von deinen überprivaten Molekülen herzlich verlacht. Du kannst mit deinen Molekülen so wenig verhandeln wie mit deinen Zellen, die es den Molekülen nachmachen und die altern, und hierauf altern die Organismen. Ihr könnt euch absolut nicht miteinander verständigen, keinen Komplott machen, keinen Seitensprung, keine Extraklausel, keinen Kompromiß, keinen Verstoß gegen das Gesetz, überhaupt keinerlei Handel, du kannst dich nicht selbst überlisten – es wird gealtert. Du alterst gehorsam vor dich hin im unwirksamen Ungehorsam, immer schön weiter gealtert, bis sie mit dir am Ziel sind, die Moleküle, die Zellen, die Organismen. Sieh dir mal deine Eltern an. Soeben stirbt der Vater, einfach so, ohne ein Geräusch, denn weil ihr so laut redet, hat keiner mehr diesen schäbigen, leisetreterischen, zärtlichen Seufzer gehört. Halt den Mund, denn eben rede ich. Und soeben stirbt die Mutter, diesmal mit dem in eurem Gebrüll unhörbaren Getöse des Schlußchorals der Kreuzstabkantate. Die Augen deiner Mutter bleiben offen und furchtsam. Die Augen deines Vaters bleiben offen und wahrheitsscheu, denn er hat die Wahrheit gesehen. Die Biochemiker, immer mehr rausfindend, haben Ärger z. B. mit falschen Bausteinen im fertigen Molekül. Damit beginnt das Durcheinander in Richtung Tod, diese Unordnung in dieser geordneten Richtung, damit unter anderm. Das Ganze hier im viel zu engen Zimmer ist sowieso bloß eine etwas mißverstandene Gnaden- und Galgenfrist. Das Wohlbefinden ist sowieso bloß ein Sinnes- und Körperschaden. Das Wohlbefinden muß sich über das Nichtwohlbefinden hinweglügen. Die Wahrheit muß erlogen werden. Die herbeigeführte Wahrheit darf nicht verhindert werden. Bei etwas Geschicklichkeit läßt es sich durchaus einrichten, daß alle Henkersmahlzeiten einer Biografie wohlschmeckend sind. Bei eurem Konsum kann der für den Abend geplante Alkoholvorrat ja nicht bis zum mitternächtlichen Anstoßen der Gläser reichen, und dein Vater mischt Fachinger in den Champagner, während deine Mutter heimlich Kakao anrührt. Warum sind denn die Aminosäuren nur so verdammt labil. Die verärgerten Forscher, deren Forscherantrieb die Verärgerung ist, sprechen dennoch von einer bewundernswerten Raffinesse der Natur. Aber los, dagegen an. Ist dies nun Sylvester oder nicht. Es ist sonst zu tödlich. Man braucht nicht dauernd alles zu wissen. Ringsum in dem engen Zimmer diese Leichen in ihrem letzten feierlichen Lärm. Man braucht nicht ständig alles mitzukriegen. Die Mutter sieht hin und sieht weg und versucht Sätze über Möbel, Backwaren, Kongreßbeschlüsse, Blusen zwischen den Größen 42 und 44. Der Vater sieht hin und sieht weg und sieht dorthin, wo es vielleicht noch geht, und versucht Sätze über Bausparkassen, Maurer, Verträge, Katasterämter, allgemein: Ämter, TV-Sendungen, Lamperien, Zinsen. Der Jugendliche weiß nicht, daß er es versucht und versucht Sätze über sich und alles. Ich weiß nicht, daß ich es versuche und bin meiner Sätze der Zurechtweisung sicher. Diese Sätze betreffen alle im müden schönen trüben, doch immer noch zu deutlichen Licht der Kerzen versuchten gesprochenen Sätze. Du aber versuchst, sämtliche Sätze, die dir entgegenlaufen und die dir selber einfallen, in einen Zusammenhang zu bringen und daraufhin neue Sätze in verschiedene Richtungen zu schicken. Kein Satz stimmt. Jeder Satz ist falsch. Jedes Wort ist verkehrt im Hinblick auf die andern Wörter. Damit dieser mistige Zustand sich ändert, sollten wir über die Anwendung der Elektrosonde nachdenken. Gehirnstimulation wäre eine Hoffnung innerhalb unserer gestörten, durch euch beide vermasselten semantischen Situation. Lust und Leid auf Befehl, ihr sollt mal sehen. Ihr lacht, ihr leidet, ihr träumt ferngesteuert, aber davon wißt ihr überhaupt nichts. Eure Gehirne, diese bislang unzuverlässigen aufgeweichten Gebilde, die ihr für den Ruin freigesprochen habt, sie werden die fremden Impulse für die eigenen halten. So kann man euch wie Spielzeug handhaben. Ihr werdet ein endlich brauchbares elektrisches Spielzeug sein, ihr werdet dies Spielzeug für immer sein und unter Ausschluß eures Willens, der, falls er es wider Erwarten fertigbringt, sich als Widerstand einzusetzen, sofort durch stärkere elektrische Ströme überwunden werden kann. Endlich wird daraufhin so ein Abend wie dieser, endlich wird daraufhin unser kommunikatives Handlungsspiel funktionieren. Ist dies nun Sylvester oder nicht? Laß die Flasche ungeöffnet. Laß das Glas ungeleert. Katzen schnurren zufrieden, während man ihnen Schmerzen zufügt. Die Zukunft liegt im Strom. Wir bringen euch per Strom zum Lachen, während ihr ganz verdammt leidet. Katzen ducken sich verängstigt vor Mäusen. Ihr reckt euch herzlich vergnügt auf vor dem, wovor ihr euch, ohne Strom, verängstigt ducken würdet. Alles in allem für euch und erst recht für eure durch euch beleidigte Außenwelt: ein guter, beherzter, ermutigender Blick in eure Zukunft als Spielzeug. Ihr braucht überhaupt nicht mehr länger euch, euch selbst, zu sein. Was hast du denn vorher schon getrunken. Was hast du denn eingenommen. Jetzt wird mal nicht schon wieder aufs WC gegangen. Das hast du doch haargenau schon mal erzählt. Ihr beide brüllt längst. Ihr verleiht euren verschiedenen Leichtfertigkeiten aller Art höchste Preise. Weil ihr unruhig geworden seid, eure Sessel verlassen habt und im engen Zimmer hinundherrennt, wird es für die verschüchterten Eltern immer schwieriger, eure Anblicke zu vermeiden und sich unprivat zu verhalten, beispielsweise den Flaschenhals in der Weltschiffahrt überdenkend. Es bleiben keine Gegenrichtungen mehr übrig, denn kaum hat sich eine gefunden, so ist auch schon einer von euch dort zur Stelle und stört, also können die Eltern weder über den Erfahrungsaustausch mit Polen, noch über den Streik in Spanien nachdenken, auch nicht über Drogenmißbrauch bei der Viehmast. Gibts im Himmel Bier? Ca 50 katholische Familien empfanden diese Frage als Diskriminierung des Himmels, weil ja niemand genau wissen könne, ob es im Himmel nicht doch Bier gebe. Wir haben dir ein Medikament verordnen lassen, das in der Kinderheilkunde und in der Geriatrie verwendet wird. Die Jahrgänge dazwischen, in denen du datenverarbeitet und statistisch erfaßt und aktenfixiert bist, sind ganz einfach nur neurovegetativ verhaltensgestört. Das Medikament wird u. a. bei Oligophrenie verordnet. Das Wort stammt vom griechischen Wort für Seele ab oder so ähnlich und wenn schon. Das braucht dich keineswegs für dich zu erwärmen. Indikationen: von Jugend auf bestehender Schwachsinn, verschiedene Bedingungen für Hirnschädigung. Halt dich mal daran. 3 Grade: 1) Debilität = leichter Grad. 2) Imbezillität = mittlerer Grad. 3) Idiotie = schwerer Grad. Stell das Glas hin. Laß die Flasche stehen. Red mir nicht dauernd rein. Reihe dich in die ruhmreiche Liste der Schweregrade ein. Eben rede ich. Eben verteile ich meine gerechten Fußtritte, Schläge auf Hinterköpfe, Schläge in eure Gesichtsmitten. Über der gealterten Schneedecke altert das alte Jahr allzu langsam. Wäre es nur endlich Mitternacht. Käme nur endlich der hochgeschätzte, verdammt feierliche, ekelerregend offenbarende, der abstoßend reuige, mit euren unglaubwürdigen guten Vorsätzen überladene Augenblick, in dem wir mit sicheren Händen unsere Gläser gegen eure Gläser in euren unsicheren Händen stoßen und in dem wir uns für die kürzeste Zeitdauer, die hierzu benötigt wird, angrinsen, der Augenblick Mitternacht, Jahreswechsel. Du süchtige Sau, kann ich dir dann endlich auf dem Heimweg sagen. Ich kann dir dann endlich auf dem Heimweg den ganzen versauten Abend nachpredigen, ich kann sämtliche säuischen Scheußlichkeiten zerdehnen und sie dir in Zeitlupe unter die glasigen Augen halten. – Ist dies nun Sylvester oder nicht. Was hast du denn vorher schon getrunken. Was hast du denn eingenommen. Was schnüffelst du denn im Zimmer deines dir blutsverwandten Jugendlichen rum, was sind denn das für Suchtmittel, die ihr dort in Schubladen, Schrankverstecks, unter Kopfkissen finden könnt, weil ihr sie inmitten eures Rauschs finden könnt, morgen aber, aus dem Rausch entlassen, nicht mehr finden könntet. Was treibst du dich denn schon wieder in der Küche rum, wozu öffnest und schließt du denn den Eisschrank, wir haben die letzte Flasche bereits aus dem Fenster geschmissen, deine Eltern werden morgen auf der gealterten Schneedecke die Scherben aufsammeln. Etwas Geduld. Noch einige Minuten weiter mit dem kommunikativen Handlungsspiel. Wir befinden uns in einer von euch verpfuschten semantischen Situation. Auch Löwen leben von der Fürsorge. Ich möchte ein schlechter Mensch sein, sagte ein Volksschüler. Schulen sollen in die Luft fliegen, Lehrer sollen eine geschmiert kriegen und dann in den Keller gesperrt werden, Polizisten: mit der Maschinenpistole niedergemäht oder eigenhändig aufgehängt oder mit einem Motorrad bei 150 Sachen über den Haufen gefahren; Fenstereinschlagen, Bäume anzünden, Löcher in die Autoreifen stechen, Bankraub und Überfall. Alles kaputtmachen, daß die Fetzen fliegen. Die hohen Viecher und die Reichen sollen mit den Köpfen auf der Erde rumlaufen, ein Attentat gegen alle Bürgermeister der Welt, ins Jenseits mit allen Präsidenten der Welt. Den Pfarrer verbieten. Dem Pfarrer verbieten, auf die Eltern zu hören. Die Eltern verbieten. Auf dem Bayreuther Bahnhof eine Lokomotive klauen und heimlich in der Bundesrepublik rumfahren. Überhaupt kein Ziel haben. Vielleicht ein Robinson-Dasein anstreben. Erst noch mal schnell in Bayreuth kirchlich und standesamtlich getraut werden. Lieber auf dem Mars ein Fremdenführer sein. Lieber mit einem Raumschiff nirgendwo hinfahren und nirgendwo ankommen. Überhaupt nirgendwo mehr Halt machen. Weiber ausziehen. Jeden Tag ein anderes Mädchen ausprobieren. Schwerkranke Menschen wieder gesundmachen wollen oder sie ohne Qualen sterben lassen. Überhaupt den Tod und die Zerstörung und die Angst zulassen. Ich lasse euch nicht. Ich lasse euch nicht zu. Ich verbiete euch euch selber. Wir machen jetzt in der nunmehr fast erträglichen Frist bis zur Mitternacht unsere Regelinterpretation durch

Kontexte deutlich, damit es ein sinnvolles, kommunikatives Handlungsspiel wird. Es gibt ringsum Themen. Die niederbayrischen Kartenspieler wollen den Rheinländern den Weltrekord entreißen und bringen es auf 300 Stunden Schafkopf. 5 schwäbische Schafkopfer aus dem Weiler Wald hatten schon mal versagt. Fünf niederbayrische Schafkopfer sitzen seit dem 2. Weihnachtstag beim Schafkopf-Marathon zusammen, werden zusammensitzen bis zum 10. Januar, sitzen also auch in diesem Augenblick zusammen, woran ihr euch ein Beispiel nehmen könnt, denn auf Alkohol und Nikotin verzichten die 5, von denen einer jeweils 4 Stunden schläft. Ein Arzt hält mit wachem Blick und Traubenzucker die Dauerschafkopfer fit. Sie haben schon die 200-Stundenmarke überschritten und 24 Kartenspiele zerschlissen. Ein Friseur schneidet ihnen die Haare, woran ihr euch ein Beispiel nehmen könntet. Ein Friseur rasiert die 5 in fliegendem Einsatz. Auf dem Musikpodest eines Tanzsaals spielen die 5 dem Schafkopf-Weltrekord entgegen, und es sieht vielversprechend aus. Ein Ziel braucht doch jeder. Was für weitere Kontexte fallen euch ein? – Ist dies nun Sylvester oder nicht. Aber die Suchtmittel sind erschöpft, ätsch. In ein paar Minuten werden wir die Gnade üben und bei der Tante anklopfen. Der Himmel sei uns ebenfalls gnädig und verhüte, daß die Tante inmitten von Rotz und großem kindischen Elend wachgeblieben ist, beziehungsweise erwacht. Der Himmel sei uns Gnädigen gnädig und veranlasse, daß die Tante inmitten von Geheul und Unappetitlichkeit vergessen hat, daß sie sich nicht hinlegen darf, denn sie ist zu fett. Die Tante schläft immer nur im Sitzen. Schliefe die Tante liegend, so würde sie von ihrem eigenen Fett erdrückt. Das Fett um den Oberkörper ist der Tante, sofern der Himmel in seiner Güte uns, die wir gütig anklopfen, gnädig war, zum Verhängnis geworden. Warum finde ich nicht Gnade. Wem ich aber gnädig bin, dem bin ich gnädig. Herr, sei mir gnädig, denn ich bin schwach. Herr, sei mir gnädig, siehe an mein Elend. Herr sei mir gnädig, denn mir ist angst. Herr, sei mir gnädig, heile meine Seele. Herr sei mir gnädig und hilf mir auf. Sei mir gnädig, denn Menschen schnauben. Sei der keinem gnädig, die so verwegene Übeltäter sind. Es ist Zeit, daß du ihr gnädig seist. So will ich ihr gnädig sein. Wie soll ich dir denn gnädig sein. Das sollen gnädige Regen sein. Die Gewaltigen heißt man gnädige Herren. Ach Herr, sei. Ihrer Untugend gnädig sein. Ihre Antlitze sollen auf den Gnadenstuhl sehen. Die Eltern können keine einzige Blickrichtung mehr riskieren. Aber nun endlich haben wir das geschafft. Mitternacht endlich. Wir stoßen diese ganzen gefährlichen Gläser gegeneinander. Ihr stoßt leere Gläser gegen das mit Kakao gefüllte Glas der Mutter und gegen das mit Fachinger gefüllte Glas des Vaters und gegen mein mit Champagner gefülltes Glas, und alle Gläser zerbrechen. Die Tante erwacht auch von diesem Lärm nicht. Wir werden in dieser Nacht nicht mehr überprüfen, ob sie liegend oder im Sessel eingeschlafen ist. Die Mutter sagt mit geschlossenen Augen, daß Scherben Glück bringen. Der Vater sagt mit geschlossenen Augen Prost Neujahr. Ich sage mit geöffneten Augen schämt euch. Ihr beide sprecht längst nicht mehr, ihr beide schreit längst und mit geöffneten Augen, vor denen sich das enge Zimmer in eine Gaze und in übereinandergeschachteltes Inventar verwandelt hat, ihr schreit euch Sätze aus eurem Ausland zu, in der Fremdsprache, in der Doppelhaft, in der Heimatlosigkeit, darin ihr euch verirrt, darin ihr euch in weiter Ferne erwartet. Es gibt, nach den weitgreifenden Amputationen, die ihr an euch vorgenommen habt, den Menschen, der sein Leben nur noch als Zerrbild seiner selbst weiterführen kann. Es gibt die Frage, ob einem großhirnlosen idiotischen Lebewesen, einem sogenannten Monstrum, noch operative Hilfe zuteil werden soll. Sofern wir euch überhaupt mit, beispielsweise, durchbrochenen Blinddärmen einliefern würden. Es gibt die Frage, ob ihr Menschen seid oder nicht, und es gibt die Antworten JA und NEIN. Die leisetreterischen Eltern flüstern JA. Ich bin mutiger und rufe NEIN. Wird der Arzt darüber befinden, ob ihr Patienten Menschen seid oder nicht? Ist jemand ohne Gehirn ein Mensch? Was ist er dann und was ist er dann nicht, wenn er kein Mensch ist. Es gibt noch keine Benennung. Die Mediziner und die Juristen halten an der Spanne Zeit fest, die sie als sinnerfülltes Leben bezeichnen. Ihr schnüffelt schon wieder in euren im Rausch noch auffindbaren Suchtmittelverstecks herum, ihr schnüffelt wie die Hunde nach eurem Sinn. Es gibt den Sinn der Schmerzen, es gibt den Sinn der Leiden, es gibt den Sinn des amputierten Lebens, es gibt den Sinn des Lebens, so oder so, nicht, sofern er nicht selbst hergestellt wird. Dies ist nun nicht mehr Sylvester, dies ist das neue Jahr. Meine Vorwürfe sind vorformuliert. Es gibt eure Halbkörperamputationen, es gibt das Plädoyer für die Anerkennung des Todes als Grenze des irdischen Lebens. Es gibt das überirdische Leben vielleicht nicht. Wir befinden uns in einer semantischen Situation. Auf ein gutes neues Jahr. Sofern der Himmel euch gnädig ist, werdet ihr in den frühen Morgenstunden eure Missetaten auskotzen. Sofern ihr ein sehr großes unverdientes Glück habt, werdet ihr am 1. Tag des neuen Jahres suchtvergiftete und einigermaßen friedliche Grenzgänger sein, denn es wird euch speiübel sein. Den guten Vorsatz faßt ihr nur in der schlechten Lage. Es gibt das unabsehbar hohe und das absehbar hohe Risiko. Ihr riskiert es noch immer. Euer unabsehbar hohes Risiko ist absehbar. Du sitzt nur deshalb aufrecht da mit einem Lächeln, weil du dich nicht hinwirfst auf den Tisch, auf den Boden, irgendwo horizontal, mit deiner unheilbaren Verwundung. Du stehst nur, weil du dich nicht fallen läßt. Es ist vorläufig, es ist vorübergehend, dies sind soeben noch deine Maßnahmen. Halt den Mund, denn eben rede ich.

RAINER MALKOWSKI

Neujahr

An diesem Tag, könnte man denken,
sind die Straßen
noch belebter als sonst.
Sternförmig strömen
die Menschen auf die großen
öffentlichen Plätze.
Und ein Rufen beginnt,
ein Winken,
ein Händeschütteln von Unbekannt
zu Unbekannt.
Denn wenn wir im Grunde
doch alle dasselbe
wollen –
warum also
wollen wir es nicht?
Und die einfachen Antworten
werden hervorgeholt,
die der Mut
gültig macht
auch für die komplizierteren
Fragen.
An diesem Tag, könnte man denken,
sind die Straßen
noch belebter als sonst.
Nicht ausgestorben wie jetzt,
elf Uhr vormittags,

wo der Wind über den Asphalt
die leeren
Hülsen der Schwärmer rollt.
Hinter geschlossenen Fenstern,
erschöpft
und mit pelziger Zunge,
Heere von Schläfern.
Ohne Glauben an die Kraft
ihrer Wünsche
ließen sie die besten zurück
schon ein paar taumelnde Schritte
hinter der Schwelle
zum neuen Jahr.

JUTTA SCHUTTING

Neujahr

muß jeder neue Anfang eine Rückkehr sein
an den ersten Wort- und Tatort
der Vergangenheit gewordenen Ewigkeit,
damit die neue Bewegung,
herzlos geschützt vor einer Herzwehwiederkehr
dessen,
was gleich bewegt begonnen hat,
nur Pein über das Ausbleiben von Trauer
als einen Schatten sich folgen läßt?

ohne daß Scham dir dies verwehrt,
läßt du den damals ersten Donauhafenspazier-
gang
zu einer Erprobung des jetzt erst ersten gewor-
den sein,
nichts dieser Heiterkeit rührt ein letztes Mal auf,
was schmerzlos von dir gefallen ist,
so sehr sind Entzauberung und Verzauberung eins;
ohne daß dir
die das Ende der Bewegung abwartende Kinder-
hand
die Vergänglichkeit in allem wachruft
und daher auch Angst vor einem neuen Verrat,
legst du Chardins ›Kind mit Kreisel‹
als Gleichnis ewiger Augenblicke
zum zweiten Mal auf den Tisch,

denn der unendlich lang sein Kreisen
beendende Kreisel
leugnet für dich,
daß eine Unvergänglichkeit dir frisch vergangen ist
und jedem Neujahrsglück im Wunsch nach seiner
Dauer
von Anbeginn sein Ende innewohnt.

DOROTHEE SÖLLE

Silvester 1983

Ich hab angst daß das jahr vergeht
ohne daß ich deine stimme höre
liebes jahr sag ich bitte halt doch ein
warte doch bis der anruf kommt

Du warst schlimm genug
und hast noch mehr tod in meinem land
    gelagert
könntest du nicht wenigstens eine weile
das rad der zeit aufhalten

Und an den josua denken
der die sonne anhielt zu gibeon
und dem mond zurief steh still
im tal ajalon
josua zehn ein kleines kapitel
aus der geschichte der menschlichen freiheit

Einmal waren wir nicht gebunden
ans rad der blutgierigen zeit
wir wurden nicht mitgeschleift
wider willen
in das zuvor berechnete nichts

Ich hab angst daß das jahr vergeht
ohne daß ich deine stimme höre
die mir hilft frei zu werden
im land besetzt von raketen

ROLF HAUFS

Neujahrstag

Sturm. Spaziergang gegenan.
Der königliche Park verliert
Was brüchig ist

Fisch am Morgen. Den Krähen
Zugeschrien. Den Cäsaren
Einen Joggergruß

Wo reisen wir hin
Schon schielen wir zurück
Die Sichel am Himmel
Hat ihre Arbeit getan

Noch vor kurzem hörten wir
Den Engel sagen *Fürchtet euch nicht*
Denn siehe

Quellenverzeichnis

ANONYM: *Das alte Jahr vergangen ist.* Aus: Evangelisches Gesangbuch für Rheinland und Westfalen. Verlag W. Crüwell, Dortmund 1956

ACHIM VON ARNIM (1781–1831): *Sylvesterlied.* Aus: Achim von Arnims Werke. Band 3, Insel Verlag Leipzig

PETER BAMM (d. i. Curt Emmrich, 1897–1975): *Meditationen in der Nacht des Heiligen Sylvester.* Aus: Die kleine Weltlaterne © 1953 by Deutsche Verlags-Anstalt GmbH, Stuttgart. Mit freundlicher Genehmigung von Sylvia Biedenkopf, Hamburg

GOTTFRIED BENN (1886–1956): *1956.* Aus: Gesammelte Werke in vier Bänden. Hg. von Dieter Wellershoff. Band 4: Autobiographische und vermischte Schriften, Klett-Cotta, 6. Aufl. Stuttgart 1989

ERNST BLOCH (1885–1977): *Landschaft um Silvester und Neujahr.* Aus: Gesamtausgabe in 16 Bänden. Band 9 © Suhrkamp Verlag, Frankfurt am Main 1965

LUDWIG BÖRNE (1786–1837): *Die Silvesternacht eines alten Herzens.* Aus: Ludwig Börnes gesammelte Schriften. Vollständige Ausgabe in sechs Bänden nebst Anhang: Nachgelassene Schriften in zwei Bänden, Band 8. Max Hesses Verlag, Leipzig

BERTOLT BRECHT (1898–1956): *Das Neujahr der Verfolgten.* Aus: Gesammelte Werke. Band 9 © Suhrkamp Verlag, Frankfurt am Main 1967

CLEMENS BRENTANO (1778–1842): *Abschied dem Jahre 1834.* Aus: Werke. Band 1. Hg. v. Wolfgang Frühwald u. a. Wissenschaftliche Buchgesellschaft, Darmstadt 1968

GEORG BRITTING (1891–1964): *Silvester.* Aus: Der unverstörte Kalender. Nachgelassene Gedichte © Nymphenburger Verlagshandlung in der F. A. Herbig Verlagsbuchhandlung GmbH, München

WILHELM BUSCH (1832–1908): *Die Uhren/Zum Neujahr.* Aus: Sämtliche Werke. Band 7. Hg. von Otto Nöldeke. Verlag Braun & Schneider, München 1943

MATTHIAS CLAUDIUS (1740–1815): *Spekulations am Neujahrstage/Mein Neujahrslied.* Aus: Werke. Hg. v. Urban Roedl. J. G. Cotta'sche Buchhandlung Nachf., 6. Aufl., Stuttgart 1965

MAX DAUTHENDEY (1867–1918): *Silvester 1914.* Aus: Gesammelte Werke in sechs Bänden. Band 4: Lyrik und kleinere Versdichtungen. Verlag Albert Langen, München 1925

HILDE DOMIN (geb. 1912): *Banges Neujahr.* Aus: Nur eine Rose als Stütze © S. Fischer Verlag, Frankfurt am Main 1959

ANNETTE VON DROSTE-HÜLSHOFF (1797–1848): *Am letzten Tage des Jahres.* Aus: Sämtliche Werke in zwei Bänden. Band 1. Hg. v. Günther Weydt und Winfried Woesler. Winkler Verlag, München

GÜNTER EICH (1907–1972): *Erster Januar.* Aus: Gesammelte Werke, Bd. I. © Suhrkamp Verlag, Frankfurt am Main 1973

GERRIT ENGELKE (1890–1918): *Sylvester-Abend.* Aus: Das Gesamtwerk. Paul List Verlag, München 1960

THEODOR FONTANE (1819–1898): *Silvesternacht.* Aus: Sämtliche Werke. Hg. v. Walter Keitel. Band 6. Carl Hanser Verlag, München 1964

ADOLF GLASSBRENNER (1810–1876): *Sylvesterrausch eines Berliner Arbeiters.* Aus: Unterrichtung der Nation. Ausgewählte Werke und Briefe in drei Bänden. Band 2. Hg. v. Horst Denkler u. a. C. W. Leske Verlag, Köln 1981

JOHANN WOLFGANG GOETHE (1749–1832): *An die Großeltern Textor/Zum neuen Jahr.* Aus: Gedichte in zeitlicher Folge. Hg. v. Heinz Nicolai. Band 1. Insel Verlag, Frankfurt am Main 1978

OSKAR MARIA GRAF (1894–1967): *Der Neujahrsbrief.* Aus: Größtenteils schimpflich. Erlebnisse aus meinen Schul- und Lehrlingsjahren © Süddeutscher Verlag in der Südwest Verlags GmbH & Co KG, München

ROLF HAUFS (geb. 1935): *Neujahrstag.* Aus: Juniabschied. Gedichte © Rowohlt Taschenbuch Verlag 1984. Mit freundlicher Genehmigung des Autors

ALBRECHT HAUSHOFER (1903–1945): *Silvestersegen.* Aus: Moabiter Sonette © Deutscher Taschenbuch Verlag, München 1976

MANFRED HAUSMANN (1898–1986): *Silvester.* Aus: Gesammelte Werke. Unterwegs. Altmodische Liebe. Bittersüß aus dunklem Krug. Gedichte aus den Jahren 1947–1982 © S. Fischer Verlag, Frankfurt am Main 1983

FRIEDRICH HEBBEL (1813–1863): *Abenteuer am Neujahrs-Abend.* Aus: Säkular-Ausgabe. Band 7. B. Behrs Verlag, Berlin

JOHANN PETER HEBEL (1760–1826): *Neujahrswünsche des Wochenblatträgers.* Aus: Werke. Hg. v. Eberhard Meckel. Band 2, Insel Verlag, Frankfurt am Main 1968

HEINRICH HEINE (1797–1856): *Paris, 31. Dezember 1842.* Aus: Werke. Band 3: Schriften über Frankreich. Insel Verlag, Frankfurt am Main 1968

MAX HERRMANN-NEISSE (1886–1941): *Silvesterspuk.* Aus: Mir bleibt mein Lied. Gedichte 4. © Verlag Zweitausendeins, Frankfurt am Main 1987

HERMANN HESSE (1877–1962): *Ansprache in der ersten Stunde des Jahres 1946.* Aus: Gesammelte Schriften. Band 7 © Suhrkamp Verlag, Frankfurt am Main 1957

E.T.A. HOFFMANN (1776–1822): *Die Abenteuer der Silvesternacht.* Aus: Werke. Band 1: Fantasiestücke in Callots Manier/Die Elexiere des Teufels. Insel Verlag, Frankfurt am Main 1967

MASCHKA KALÉKO (1912–1975): *Nekrolog auf ein Jahr.* Aus: Das lyrische Stenogrammheft. © Rowohlt Taschenbuch Verlag, Hamburg 1956

ERICH KÄSTNER (1899–1974): *Spruch für die Silvesternacht/Neujahrsrede auf dem Balkon.* Aus: Gesammelte Schriften für Erwachsene. Bände 1 und 8. Atrium Verlag, Zürich 1969 © Copyright by Erich Kästner Erben, München

REINER KUNZE (geb. 1933): *Fischritt am neujahrsmorgen.* Aus: Sensible Wege © Rowohlt Verlag GmbH, Reinbek bei Hamburg 1969

ELSE LASKER-SCHÜLER (1869–1945): *Letzter Abend im Jahr.* Aus: Gedichte 1902–1943 © Kösel Verlag, München

NIKOLAUS LENAU (1802–1850): *In der Neujahrsnacht 1839–1840.* Aus: Lenaus Werke. Band 1. Bibliographisches Institut, Leipzig

SIEGFRIED LENZ (geb. 1926): *Silvester-Unfall.* Aus: Das Feuerschiff, Erzählungen © Hoffmann und Campe Verlag, Hamburg 1960

GOTTHOLD EPHRAIM LESSING (1729–1781): *Der Eintritt des Jahres 1753 in Berlin.* Aus: Gesammelte Werke. Hg. v. Wolfgang Stammler. Band 1. Carl Hanser Verlag, München 1959

GEORG CHRISTOPH LICHTENBERG (1742–1799): *Das alte Faß ist ausgetrunken.* Aus: Gesammelte Werke. Band 2. Hg. v. Wilhelm Grenzmann. Holle Verlag, Baden-Baden

FRIEDRICH VON LOGAU (1604–1655): *Das neue Jahr.* Aus: Sämtliche Sinngedichte. Hg. v. Gustav Eitner. Literarischer Verein, Stuttgart 1872

RAINER MALKOWSKI (geb. 1939): *Neujahr.* Aus: Einladung ins Freie. Gedichte © Suhrkamp Verlag, Frankfurt am Main 1977

THOMAS MANN (1875–1955): *Neujahrswunsch an die Menschheit.* Aus: Gesammelte Werke in 13 Bänden. Band 10 © S. Fischer Verlag GmbH, Frankfurt am Main 1960, 1974

CONRAD FERDINAND MEYER (1825–1898): *Neujahrsglocken.* Aus: Sämtliche Werke. Historisch-kritische Ausgabe. Benteli-Verlag, Bern 1963

EDUARD MÖRIKE (1804–1875): *Zum Neujahr.* Aus: Sämtliche Werke. Hg. v. Gerhart Baumann. Band 1. J. G. Cotta'sche Buchhandlung Nachf., Stuttgart 1961

ERICH MÜHSAM (1878–1934): *Prosit Neujahr!* Aus: Gedichte. Hg. v. Günther Emig. Verlag europäische Ideen, Berlin 1983

FRIEDRICH NIETZSCHE (1844–1900): *An Franziska und Elisabeth Nietzsche.* Aus: Werke in drei Bänden. Hg. v. Karl Schlechta. Band 3. Carl Hanser Verlag, München 1956

NOVALIS (1772–1801): *Rundgesang zum neuen Jahre.* Aus: Werke/Briefe/Dokumente. Band 1. Die Dichtungen. Hg. v. Ewald Wachsmuth. Verlag Lambert Schneider, Heidelberg 1953

ALFRED POLGAR (1873–1955): *Ein neues Jahr.* Aus: Kleine Schriften. Band 3 © Rowohlt Verlag, Reinbek bei Hamburg 1984

JOACHIM RINGELNATZ (1883–1934): *Silvester/Was würden Sie tun, wenn Sie das neue Jahr regieren könnten?* Aus: Das Gesamtwerk in sieben Bänden. Hg. v. Walter Pape. Band 1 © Henssel Verlag, Berlin

FRIEDRICH RÜCKERT (1788–1866): *Neujahrslied.* Aus: Rückerts Werke. Auswahl in acht Teilen. Siebenter Teil. Hg. v. Elsa Hertzer. Deutsches Verlagshaus Bong, Berlin

GERHARD RÜHM (geb. 1930): *wackeres sylvesterfest hanswursts mit colombinen.* Aus: Ophelia und die Wörter. Gesammelte Theaterstücke 1954–1971 © Luchterhand Verlag, Neuwied und Darmstadt 1972. Mit freundlicher Genehmigung des Autors

FRIEDRICH SCHILLER (1759–1805): *Herzgeliebte Eltern!* Aus: Sämtliche Werke in 10 Bänden. Berliner Ausgabe. Band 1: Gedichte. Aufbau Verlag, Berlin und Weimar 1980

ARTHUR SCHNITZLER (1862–1931): *Sylvesternacht.* Aus: Gesammelte Werke. Die Dramatischen Werke. Band 1 © S. Fischer Verlag, Frankfurt am Main 1962

RUDOLF ALEXANDER SCHRÖDER (1878–1962): *Im Altjahrsgarten.* Aus: Gesammelte Werke in fünf Bänden. Band 1 © Suhrkamp Verlag, Berlin und Frankfurt 1952

JUTTA SCHUTTING (geb. 1937): *Neujahr.* Aus: Liebesgedichte. © Residenz Verlag, Salzburg 1982

DOROTHEE SÖLLE (geb. 1929): *Silvester 1983.* Aus: Verrückt nach Licht. Gedichte © Wolfgang Fietkau Verlag, Berlin 1984

JESSE THOOR (1905–1952): *Das Sonett vom trübseligen Neujahr.* Aus: Das Werk. Hg. v. Michael Hamburger. Europäische Verlagsanstalt, Frankfurt am Main 1965

KURT TUCHOLSKY (1890–1935): *Silvester/Guten Morgen –!* Aus: Gesammelte Werke. Band 1 © Rowohlt Verlag, Reinbek bei Hamburg 1960

MARTIN WALSER (geb. 1927): *Sylvestermärchen vom anderen Geschlecht.* Aus: Märchen deutscher Dichter © Suhrkamp Verlag, Frankfurt am Main

FRANK WEDEKIND (1864–1918): *Silvester.* Aus: Werke in drei Bänden. Band 2. Aufbau Verlag, Berlin und Weimar 1969

CHRISTIAN WERNICKE (1661–1725): *Neujahrswünsche.* Aus: Hans Georg Schwark: Christian Wernicke – Dichter und Diplomat aus Elbing. Elbinger Hefte 33. Truso Verlag, Bremerhaven 1974 (Druckvorlage: Das Winterbuch. Insel Verlag, Frankfurt am Main, 1983)

GABRIELE WOHMANN (geb. 1932): *Sylvester.* Aus: Gegenangriff. Prosa © Luchterhand Literaturverlag, Neuwied und Berlin 1972

HEINRICH ZSCHOKKE (1771–1848): *Die Neujahrswünsche.* Aus: Gesammelte Schriften. Siebenzehnter Teil. Verlag Sauerländer. Aarau 1838

CARL ZUCKMAYER (1896–1977): *Silvester-Spruch 1933.* Aus: Gedichte © S. Fischer Verlag GmbH, Frankfurt am Main 1960

Der Herausgeber und der Fischer Taschenbuch Verlag danken allen Verlagen und Rechteinhabern für die Abdruckgenehmigung.